SELF MASTER　セルフマスター

話す中国語
入門篇

遠藤光曉＋董燕＝著

■ まえがき

　この教科書は1998年に大学の第二外国語向けに出たものに解説や練習問題・解答を付け加えたものです。元の大学教科書版は、出た年から全国の各大学で多く使用されており、「教師にとって教えやすく、学習者にとって学びやすい」としてご好評をいただいてきました。

　その特色は以下の通りです。

1．ふつう1冊に押し込められている内容を2冊でゆるやかに学ぶ

　大学の第二外国語ではふつう週に2回、90分ずつの授業を年間約25週行うことになっています。ところが、週に2回の授業は別の先生が担当して、別の教科書を1冊ずつ使って、お互いに無関連に教えるのがふつうです。それに対して、週2回の授業を連携プレーで教えられるように、2冊で1年分のコースをゆったり組んだのが『話す中国語』大学教科書版でした。このようにすることによって、無理のない進度で、やさしい口頭練習や文章題をたくさん解くことによって学習事項をていねいに浸透させていくことが可能になりました。

　それを独習者も使えるようにしたのが本書です。ふつう出ている独習書はかなり高度の内容が盛ってあって、それが消化できればもちろんたいへん結構なことなのですが、はじめの数課も行かないうちにギブアップしてしまった、という経験をお持ちのかたも少なくないと思います。他の本で挫折した方もこのメソッドに沿って学習なさってみては如何でしょうか。その効果は全国の大学での教育実践によって検証済です。

2．映像CDで臨場感ある会話シーンが見られる

　現在では誰でも気楽に直接中国に行けますし、日本でもいたるところで中国人に出会う機会があります。そんな時代にマッチした、本当にありそうな場面や内容の会話をこの教科書は主体としています。そして、本文に対応したビデオが用意してあり、教科書付属の映像CDでご覧いただくことができます。このような具体的なイメージがあると、本文の練習をしていても現実感があって、一層効果を挙げることができます。また、紙の上だけでは習得が難しい発音についてもビデオに発音の仕方がていねいに出ています。もちろん音声CDも全部の事項についてフルについていますから、音声練習にも好適です。

もともとが大学1年生用のテキストなので、大学生活に即した内容がはじめのうちは多いですが、社会人にとっても大学生や高校・中学・小学生と話す機会はあるはずで、あるいは家族の話になって相手の子息のことを聞いたりするときにも応用ができます。含まれている文法事項はごく基本的なものなので、このようなシチュエーションで学んでおいたものは、他の場面でも頻繁に出てきます。

3．やさしく分かりやすい説明
　この教科書では、文法で扱う事項を本当によく使う必須のものに限定してあり、中級・上級になってからやればよい特殊な事項は意図的に排除しています。また、いくつかの課を「ユニット」としてまとめ、関連する文法事項をそのユニット内で集中的に導入するようにしており、また出現順序にも工夫をこらし、いちばん把握しやすい順番で出てくるようにしてあります。そして、一つのユニットの最後の課では文法のまとめがあり、より一層体系的な理解ができます。

4．語彙数も入門期に必要な最重要のものに限定
　教科書によっては単語がどんどん出てきて（1冊で800〜1000語くらい）、なかなか覚えられず、挫折してしまう原因となっています。この教科書では語彙数も非常に限ってあり、1冊あたり約300語、2冊で計600語くらいに意図的に制限しています。中級レベルになったら、語彙をどんどん増やすことは大切なのですが、入門期ではとにもかくにも基礎文法をひととおりあげることが最優先します。この教科書では厳選した単語を繰り返し繰り返しいろいろなシーンで学べるように、後の課でもできるだけ前の課で出てきた単語を使うようにしています。

　以上をひとことで言うならば、「おちこぼれを作らない教科書」というのがモットーです。なお、姉妹編として同著者の『わかる中国語単語1000』（朝日出版社）があり、中国語検定準4級・4級に対応した単語帳として単語力増進に力を発揮します。本シリーズが全国の幅広い中国語学習者のよき伴侶となることを願っています。

著者

■ **大学教科書版のはしがき**

　ことばは魔術です。にっこり笑ってひとこと「こんにちは」と話しかけるだけで、新しい世界への窓が開かれます。

　さて、みなさんは言葉の能力、読む・書く・聴く・話すのうち、どれが最も身につけやすいと思いますか？私の見るところ、話すのが最もやさしくて、聴くのが最も難しいと思います。なぜかというと、話す時には自分に分かることだけ言っていればいいのに対して、聴く時には何が飛び出して来るか分からず、オールラウンドな実力がなければ相手の真意をリアルタイムに如実に把握することはできないからです。読む・書く、の方は辞書を引いたり、ゆっくりと考えたりする余裕がありますから、手間をかければ聴くことほどは難しくはありません。それに対して、話す方は書き言葉ほどの厳密さは要求されませんし、相手が理解できない時は普通あちらから助け船を出してくれますから、いちばん気楽です。そして、話し言葉は書き言葉の基礎になっていて、その逆ではありませんから、最も身につけやすくて、最も基礎的な能力——話す能力から習得するのが語学学習の王道であると言えます。

　では、話す能力をつけるにはどうしたらよいのでしょうか？いろいろな方法があるでしょうが、私が最も効率的だと思う方法は、音読と暗記です。それも単語とかをばらばらに覚えるのではなく、まとまった文を丸ごと覚えてしまうのが迂遠なようでいて最も近道です。

　この教科書ではすべて実際に自分で使えるような文だけを出してあります。そして、本文は連続したストーリーがありますから、各課の本文をすべて暗記する決心を今しましょう。それは決して難しいことではありません。授業時間中にも練習をたくさんしますから、それで輪郭は頭に入るはずです。あとは家で一日十五分くらいも音読すれば思ったよりもずっとたやすく暗記できるものです。それに音読というのは大きな声を出すこと自体がストレス解消や精神安定剤になり、毎日やっていると段々快感になってきて、やみつきになってしまうかもしれません。そして、はじめはぎくしゃくしていた発音が一週間もしないうちに目に見えてなめらかになっていくのが自分でも分かってうれしいものです。

　それと同時に、通学途中に附属CDを聴きましょう。はじめのうちは未習の課はまったく理解できないはずですが、それでもとにかく聴きま

す。いや、意識的に聴く必要はありません。ただただ流していればいいのです。そうこうしているうちに、何故かすごく印象的な音のつながりが何回もでてくるのに気が付くようになるでしょう。そして、授業で学んだ課が増えるごとに始めはまったくチンプンカンプンだった音の連続がくっきりと秩序立った意味をもつ会話に聞こえるようになり、やがて未習の課ですらかなり意味が分かるようになることと思います。聴く力というものはこのようにして大量のインプットをこなしているうちに徐々に霧が晴れていくようにしてついていくものなのです。それから、本物の中国人の発音のシャワーを普段から浴びていることは自分の発音を向上させるためにもとても大切なことです。そういう風にして本物によって耳をこやしておけば、自分がまちがった発音をしても理屈ぬきにただちに気が付き直すことができますし、知らず知らずのうちにそれらしい雰囲気を体得することができます。無意識裡にセンスを身につけるということは何によらず大切ですが、それには不断に本物に接することが第一です。そして耳は疲れません。長距離通学の砂漠を緑の沃野に変えてください。

　外国人とのつきあいといったって結局のところは同じ人間同士なのですから、授業での対話練習は中国に行ってもそのまま同じように使うことができます。いや、中国に行かずとも今はバイト先やら至る所に中国人の知り合いがいる人も多いでしょうから、勉強した表現をちょっと応用してみたらどうでしょうか。そして夏休みや春休みには自分で中国に出かけて武者修行してきてください。もっと中国のことが深く知りたくなるはずです。そうして更に中国語に磨きをかけようと志す人が多く現われることを願っています。

著者

■ この教科書による学習方法

　各課はもともと大学の1時限（90分）の時間内で学ぶように出来ていますが、練習問題をやって答え合わせをやる時間は含まれていません。個人差はあると思いますが、だいたい2時間くらいをかけて1つの課を学び、そのほかに復習を適宜おやりいただくとよろしいかと思います。

各課の学習の手順
1．新出単語（"生词"）
　まず新出単語の部分のCDを聞きます。その後で一つひとつ意味を確認していきます。この教科書では新出単語にすべて意味が与えられていますから、特に辞書を引く必要はありません。入門期には、単語の意味を調べることではなく、単語を覚えることに時間を使うべきです。それも一つひとつの単語をバラバラに覚えるのではなくて、本文をまるごと覚えてしまうほうが結局は手っ取り早いのです。意味が分かったら、CDの録音の後について発音します。

2．文法
　その課の文法事項の解説が出ていますので、一通りお読みください。例文もCDに入っていますので、お聞きください。

3．本文
　まず映像CDを見てください。この段階ではまだ意味は分からなくて当然で、どんなシーンかが分かればいいです。その後、一回通してCDを聞いてください。そして、自分で一文ずつ意味をとっていってください。これは既に単語も文法事項も導入済みなので、ほとんどご自分でその文の意味がとれるはずですから、自分で訳してみて、その上で右側のページにある日本語訳と照らし合わせてください。日本語訳は文の組み立てが理解しやすいように直訳調のものをまず掲げてあり、その下により自然な訳文を出してあります。全体の意味が分かったところで、もう一度CDを聞きます。そして一文ずつ発音練習を1回やってください。もう一度本文の映像CDを見ます。そうするとセリフの意味がかなり分かるようになっているはずです。この段階ではひとまず本文の学習はこの辺にしておいて、先に進んでください。

4．転換練習

　転換練習はまず元になる文がCDに入っていますので、それを繰り返して言ってください。そうすると指示文が出ますので、たとえば"问 wèn、吗 ma"となっていたら、もとの文を"吗"を使った疑問文に変えて言ってください。そうすると正解が出ます。その次に例えば"答 dá"と指示が出たら、その直前の疑問文に対する答えを元の文に即して答えてください。ポーズの後に正解がでますので、確認してください。そういった感じで進めていきますが、はじめのうちは要領がつかめないかもしれませんので、右ページに正解を出してあります。すぐに文が空で組み立てられないときは、まず1回正解を見ながら練習してみてください。その上で文字を見ないで、音声の指示だけを聞きながら元の文を置き換えていってください。この練習を空でやることによって、元の文のパターンが頭に定着することになります。

5．応用会話

　これは教室では2人組になって練習するのですが、独習の場合は一人でやってください。一つの会話ずつまず意味を確認します。たいていは非常にやさしい文になっていますので、ほとんど意味を取るのに困難は感じないはずですが、右ページに日本語訳も出ていますので、必要に応じて参照してください。そして、CDの発音を聞きます。自分でもその会話を何度か声を出しながら一人二役でやってください。そして独習の場合は右ページの日本語訳を使って、訳のほうを見ながら中国語の会話をする練習もやってみてください。はじめのうちは中国語が思い浮かばない箇所がけっこうあるはずですから、その場合は左側の中国語を見てもいいです。この練習を何度かやっているうちに、日本語のほうからすらすらと中国語が出てくるようになるはずです。またCDの模範発音も何度も聞いてください。この要領ですべての応用会話をやります。また、空欄になっている会話は自分のことを入れて言う設定になっています。

　この応用会話は「応用」とはなっているものの、本文で出てきた事項をより小さい会話で練習するようになっており、この練習をやったあとで本文に戻ると、本文がずっとよく理解も発音もできるようになっていることに気づくはずです。

6．また本文に戻り、繰り返し音読する

　この教科書の中心は本文になっており、そこにエッセンスが含まれています。そこで、繰り返し繰り返し本文の練習をします。本文の練習は音読が主ですが、CDを聞いて、できるだけ模範朗読に近くなるように自分でも一人二役で発音します。5～10回ほど発音したら、こんどは右側の日本語訳を見ながら中国語の会話を復元する練習をします。やはりはじめのうちは想起できない箇所があるでしょうから、そのときには左側の中国語を見てもかまいません。この練習を何度もやっているうちに、完全に右側の日本語訳を見ているだけで中国語の会話ができるようになるはずです。そこで、今度は巻末にある4コマ漫画のその課のところを見ながらやはり中国語で会話をする練習をします。この4コマ漫画はたいてい1コマがAとBの一つずつの対話に相当するようになっています。このようなシチュエーションから出発して会話をする練習は、実際の会話と非常に条件が近いので、応用力がつきます。4コマ漫画を見ただけで完全に会話ができるようになったら、もう一度本文の映像CDを見てください。はじめはチンプンカンプンだった会話が、この段階では完全に理解可能のものとなっているだけでなく、自分でも口をついて出てくるようになっているはずです。続けて文法の解説の部分の映像CDを見てください。その課の最重要事項の復習になります。

7．練習問題を解く

　以上の口頭練習が終わってから各課の最後にある練習問題を解いてください。漢字とピンイン（声調符号つきのローマ字）を正確に覚えることもとても大切です。正解が巻末に出ていますから、自分で答え合わせしてください。

　これで一つの課の学習は終わりです。

復習の仕方

　以上の要領で順番に先の課に進んでいくわけですが、普段の復習もとても大切です。それまでにやった分の課の本文を中心に復習してください。この教科書の巻末に「本文会話一覧」が出ていますので、それを使ってやります。まず漢字のところを音読します。次にピンインを見ながら音読します。最後に日本語訳を見ながら中国語で言ってみてください。

言えなくなっている箇所が出てきたら漢字またはピンインのページを見ます。1課につき3回ずつ本文を朗読または復唱するわけですが、実際には1課の本文は30秒もあれば発音できますから、1課につき1分半、この教科書全体でも15課分ですから、最後のあたりになっても20分くらいもあれば復習できます。

　それから、各課の本文の録音を通勤・通学または家事の合間に、聞くとはなしに聞くのでいいですから、何十回・何百回となく聞いてください。本文の箇所だけピックアップしてMDに編集し直して聞くのでもいいです。

　また、覚えた本文をときどき漢字・ピンインで書いてみてください。あやふやなところは教科書を見て確認します。

　いずれにしても、外国語学習では、頭で分かるまではまだウォーミングアップの段階に過ぎず、それを何度も音読したり録音を聞いたりして体に染み込ませ、何も考えなくてもオートマチックに口をついて出てくるところまで練習するのが大切です。

目 次 mokuji

まえがき
大学教科書版のはしがき
この教科書による学習法 ……………………………………………………… 6

■ **ユニット1**

第一课 …………………………………………………………………………… 14
 1 声調 **2** 母音 **3** 3声の変調 **4** 軽声

第二课 …………………………………………………………………………… 18
 1 -n と -ng **2** 子音

第三课 …………………………………………………………………………… 21
 1 子音（続き）

第四课 …………………………………………………………………………… 25
 1 難しい発音

■ **ユニット2**

第五课 …………………………………………………………………………… 30
 1 SVO **2** 否定形 **3** 疑問文(1) **4** "很"と形容詞

第六课 …………………………………………………………………………… 38
 1 疑問文(2) **2** 名前の聞き方・答え方 **3** "谁"の発音
 4 "狼羊対話"の注釈

第七课 …………………………………………………………………………… 46
 1 "～的" **2** 名詞（ふつうは数詞）述語文 **3** "一"の発音 **4** 人称代名詞

第八课 …………………………………………………………………………… 54
 1 疑問文(3) **2** 疑問文(4)

第九课 …………………………………………………………………………… 62
 1 二重目的語 **2** 疑問文(5) **3** 指示詞 **4** "几"と"多少"

第十课 复习 ………………………………………………………………… 70
 A 基本構文 **B** 疑問文の種類

■ **ユニット3**

第十一课 ………………………………………………………………………… 80
 1 "有" **2** 主述述語文 **3** "的"がいらない時
 4 個数の数え方（"二"と"両"） **5** 年齢の聞き方

第十二课 ………………………………………………………………………… 88

1 動詞"在"　2 前置詞"在"　3 場所を表す指示詞
第十三课 ………………………………………………………………… 96
　　　1 存在を表す"有"　2 量詞
第十四课 ………………………………………………………………… 104
　　　1 年月日の言い方　2 "是~的"
第十五课 ………………………………………………………………… 112
　　　1 曜日の言い方　2 否定疑問文への答え方
第十六课　复习 ………………………………………………………… 120
　　　A "有"と"在"　B 場所と時間を表す言葉の文中での位置　C 量詞

第十七课 ………………………………………………………………… 130
　　　1 時刻の言い方
第十八课 ………………………………………………………………… 138
　　　1 時点と時間量　2 概数
第十九课 ………………………………………………………………… 146
　　　1 百以上の数　2 お金の言い方　3 "才"と"就"の用法
第二十课 ………………………………………………………………… 154
　　　1 方位詞　2 普通の名詞→場所詞　3 VP＋"的"→定語
第二十一课 ……………………………………………………………… 162
　　　1 目的地・方向・距離の隔たりの起点を表す前置詞
　　　2 "多"による疑問詞
第二十二课　复习 ……………………………………………………… 170
　　　A 時点と時間量　B 前置詞句の位置　C 場所の表現　D さまざまな副詞

練習問題・解答 ………………………………………………………… 178
教室用語 ………………………………………………………………… 187
本文会話4コマ漫画 …………………………………………………… 189
本文会話一覧 …………………………………………………………… 197
単語索引 ………………………………………………………………… 203
品詞表・基本構文 ……………………………………………………… 206

登場人物

A　山川 静　やまかわしずか
Shānchuān Jìng

文学部日本文学科の一年生。お父さんが駐在員だったので中学、高校時代は中国にいた。テニスが好き。一人っ子で三人家族。大学のキャンパス内で中国語で話していた留学生の李恵さんと知りあいになり、いろいろおしゃべりをする。

B　李 恵　リケイ
Lǐ Huì

中国西安出身の留学生で法学部の1年生。お姉さんは北京の大学に通っている。3月3日生まれで血液型はO型。駅前のデパートの中の喫茶店でウェイトレスのアルバイトをしている。

セルフマスター
話す中国語　入門篇

ユニット 1

発　音

第 一 课　Dì yī kè

1　声調（四声）

　声調は声の上げ下げのパターンで、4種類あるので「四声」と呼ぶこともあります。下の図では自分のふだんの声の平均的な高さを太線で表示してあります。

　1声は高くて平らな調子です。最後まできちんと最高の高さを維持します。

　2声は平均的な高さから始め、一挙に一番高いところまで上昇させます。

　3声は低くて平らな調子です。一番はじめから自分の出せる最も低い声の高さになるようにします。

　4声は一番高いところから一番低いところまで一気に下降させます。

　3声強調形はふつうの3声の末尾がやや上昇する形です。この形は3声が単独で発音されるときと、文末にきて特に強調されるときだけに現れる特殊な形です（この教科書では3声強調形のピンイン＊をゴシック体で表示します）。3声は基本的には「低くて平ら」な形で現れます。

　　＊「ピンイン」というのは中国語の発音を表すための声調記号つきのローマ字のことです。これは中国で制定されたもので、辞書を引くときなどにも必ず使いますから、よく覚えるようにしましょう。

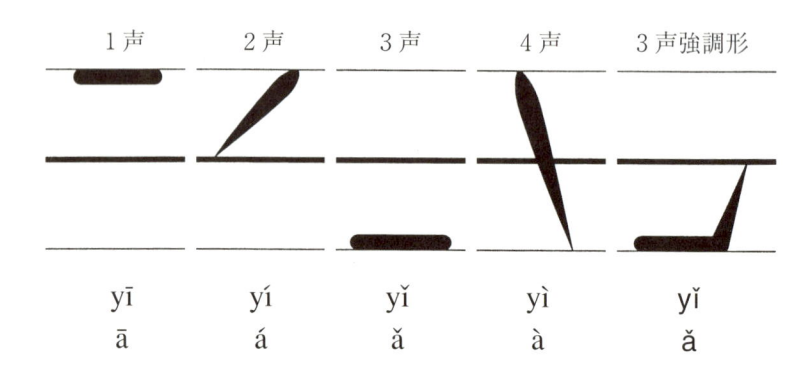

1声	2声	3声	4声	3声強調形
yī	yí	yǐ	yì	**yǐ**
ā	á	ǎ	à	**ǎ**

　＊ i は子音がつかない時には、yi と綴る。
　　i に声調符号がつく時は上の点をとってからつける。

2 母音

中国語では口の開け閉めをはっきりします。

a. 単母音

 i は口角を横に引いて発音します。

 a は口を大きく開けて発音します。

 e は口角を横に引いて i と同じ唇の形のまま「オ」を言うようなつもりで発音します。

 u は唇を丸めて突き出します。ストローを吸うときのような構えです。そして、奥よりの音色になるように発音します。

 ü は u と同じくストローを吸うときのような構えで i を発音します。これは単母音なので始めから終わりまで音色が同じようになるようにします。「ユイ」のように二重母音にならないようにしてください。

ē é ě è　　ū ú ǔ ù　　ǖ ǘ ǚ ǜ

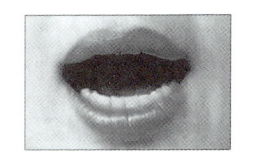

a

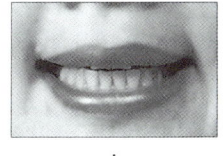

i

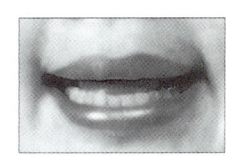

e

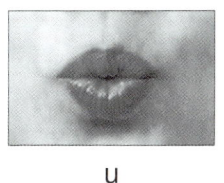

u

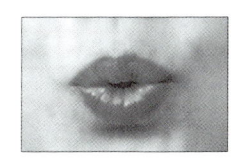

ü

b. 二重母音

これは単母音の延長線上にあるものですから簡単です。uを発音するときに唇を丸めて突き出すことには気をつけてください。またeは単独で出てきたときとは違い、日本語の「エ」に近い音色ですから、かえって簡単です。

āi	ái	ǎi	ài		āo	áo	ǎo	ào
ēi	éi	ěi	èi		ōu	óu	ǒu	òu
iā	iá	iǎ	ià		uā	uá	uǎ	uà
iē	ié	iě	iè		uō	uó	uǒ	uò
üē	üé	üě	üè					

c. 三重母音

iāo	iáo	iǎo	iào	uāi	uái	uǎi	uài
iōu	ióu	iǒu	iòu	uēi	uéi	uěi	uèi

◆声調符号を付ける位置

大原則は「主母音（その音節の中で口の開け方の最も大きな母音）に付ける」ということです。

単母音はその上に付けます。三重母音は真ん中の母音に付けます。問題は二重母音ですが、以下のようにします。

1. aがあればその上に付ける。
2. aがなければeかoの上に付ける。
3. -ui、-iuは後ろのほうに付ける。

3 3声の変調

3声が連続すると前の3声は2声に変化します。

```
    3声  +  3声  →  2声  +  3声
    nǐ      hǎo   →  ní      hǎo （你好！）
  （強調形）（強調形）
```

この場合、ふつうはピンインは3声のまま記しておいて、3声が連続した場合にその場で2声に発音しますが、この教科書では2声に変化する3声のピンインの下にアンダーラインを引いて表示することとします。

4 軽声

軽声は短く弱く発音する音節のことで、その高さは前の声調が何であるかによって自動的に決まります。それを図示すると以下のようですが、前の音節の高さと軽声の高さの関係に着目すると、3声の後では軽声は高くなりますが、それ以外の声調の後では前の声調よりも低くなります。そこで、「**軽声は3声のあとでは高く、それ以外のあとでは低い**」と覚えます。

また、ピンインで声調符号がついていないのが軽声です。

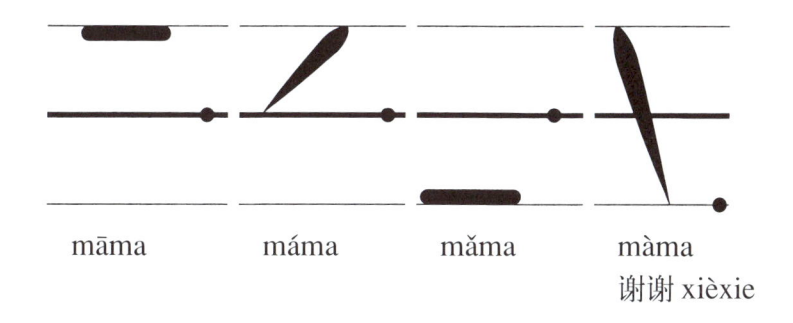

māma　　máma　　mǎma　　màma
　　　　　　　　　　　　　谢谢 xièxie

いくつかの単語を例にして発音練習をしてみましょう。

你 nǐ	好 hǎo		谢谢 xièxie
妈妈 māma	爷爷 yéye	姐姐 jiějie	爸爸 bàba
哥哥 gēge		奶奶 nǎinai	弟弟 dìdi
			妹妹 mèimei

意味：你 nǐ あなた，好 hǎo よい・元気，谢谢 xièxie ありがとう，妈妈 māma お母さん，爷爷 yéye（父方の）お爺さん，姐姐 jiějie お姉さん，爸爸 bàba お父さん，哥哥 gēge お兄さん，奶奶 nǎinai（父方の）お婆さん，弟弟 dìdi 弟，妹妹 mèimei 妹

上の欄では1、2、3、4声＋軽声の順番でならべてあります。

第二课　Dì èr kè

1 -n と -ng

中国語には「ン」に2種類あります。-nを発音するときには舌先をすばやく上の歯茎につけます。-ngを発音するときには舌先はどこにもつかず、日本語の「ン」を発音するつもりで、鼻音を大きく響かせます。

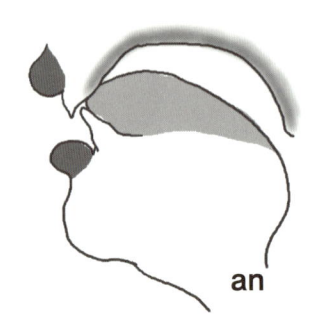

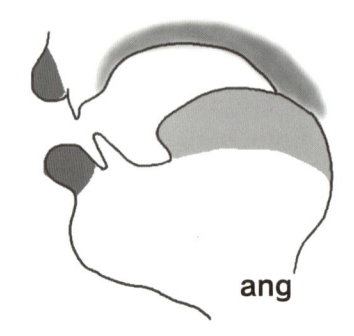

an　　　　　　　**ang**

また、後ろにつくのが-nであるか-ngであるかに応じて母音の音色も違ってきます。

anとangの場合、angのaは日本語の「ア」とほぼ同じですが、anのaはやや「エ」に近い前よりの音色です。

enとengの場合はeの音色が明確に違います。nの前では日本語の「エ」に近くなります。それに対して、ngの前では単独で発音した場合のeと同じ音色で発音します。

inとingの場合、ふつうのスピードで発音した場合は母音の音色はほとんど同じですが、ゆっくりていねいに発音した場合、iとngの間にちょっと「ウ」に近い音色の母音が入ります。いずれにしても、ngのほうがどんな母音の後でも鼻音が大きく長く入ります。

ianとiangの場合、特にianの発音が「イアン」ではなく「イエン」となることが要注意です。

uanとuang、uenとuengの主母音の音色の違いはanとang、enとengの場合と平行します。uを発音するときに唇を丸めて突き出すことに気をつけてください。

üan の a も「エ」と発音します。

ān	án	ǎn	àn	āng	áng	ǎng	àng
ēn	én	ěn	èn	ēng	éng	ěng	èng
īn	ín	ǐn	ìn	īng	íng	ǐng	ìng
iān	ián	iǎn	iàn	iāng	iáng	iǎng	iàng
uān	uán	uǎn	uàn	uāng	uáng	uǎng	uàng
uēn	uén	uěn	uèn	uēng	uéng	uěng	uèng
üān	üán	üǎn	üàn				
ūn	ún	ǔn	ùn	iōng	ióng	iǒng	iòng

2 子音

中国語の子音には「有気音」と「無気音」の違いがあります。これは子音の直後に強い息の音を伴うか伴わないかの違いです。

無気音 ba　| p | a |　da　ga　bi　di

有気音 pa　| p h | a |　ta　ka　pi　ti

つまり、無気音の場合、[p] という子音のあとにすぐに母音が続きますが、有気音では子音の直後に強い息の音が入って、そのあとに母音が続きます。

息が出ているかいないかは口の前の短冊をおいて確認することができますから、映像CDの模範演技を参考にしながら、自分で短冊を飛ばす練習をしてください。

なお、ピンインで記すときにはb、d、g、j、z、zhといった濁音の文字のほうが無気音で、p、t、k、q、c、chといった清音の文字のほうが有気音です。ただし、これは清濁の違いではなくて、あくまでも息が出るか出ないかの違いです。

❶ b, p, m, f

bō	bù	běn	bāng	běi
pō	pīn	pí	piàn	péng
mō	míng	mù	mì	miàn
fō	fēi	fù	fǎ	fáng

fは上の歯を下の唇の先端より少し奥にそっと乗せて摩擦させます。

❷ d, t, n, l

dē	duì	dōu	dàn	dào
tē	tā	tài	tiān	tiāo
nē	nǐ	nín	nà	nián
lē	lǐ	liú	lǎo	lù

表現

再见 Zàijiàn　　　不谢 Bú xiè　　　你早 Nǐ zǎo
你们好 Nǐmen hǎo　　老师好 Lǎoshī hǎo

意味：再见 zàijiàn さようなら（直訳：また会いましょう），不谢 bú xiè どういたしまして（お礼を言われたときの言葉），你早 nǐ zǎo お早うございます，你们好 nǐmen hǎo みなさん今日は（2人以上の人に挨拶するとき），老师好 lǎoshī hǎo 先生今日は

第三课　Dì sān kè

1 子音（続き）

❸ g, k, h

gē	guǒ	gāo	gèng	gōng
kē	kàn	kāi	kǒu	kè
hē	hǎo	huì	hěn	hái

h は日本語の「ハヘホ」の子音よりももっと強く喉の奥を摩擦させて発音します。

❹ z, c, s

zī	zǐ	zài	zuò	zǒu
cī	cài	cóng	cí	cān
sī	sì	sòng	sān	sāng

zi はちょっと聞いたところ日本語の「ツ」に似ていますが、口角をはっきり横に引いて発音しましょう（その点で i の発音の仕方と共通点があるので i で綴ります）。日本語の「ツ」だと口角は横に引きません。一方、zu のほうは唇を丸めて突き出して発音します。

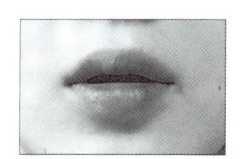

日本語の「ツ」 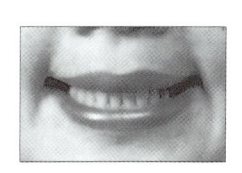　　　　zi 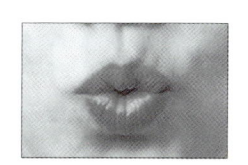　　　　zu

◆舌面音とそり舌音

　日本語の「チ」や「シ」に近い音が中国語には二種類あります。一つは「舌面音」で、j、q、xというピンインで表示されますが、ほぼ日本語の「チ」や「シ」のつもりで発音しても構いません（qは有気音です）。

　それに対して、zh、ch、sh、rで記されるほうは「そり舌音」と呼ばれます。この発音は日本語にはないものですので、ここでやや詳しく説明しておきましょう。

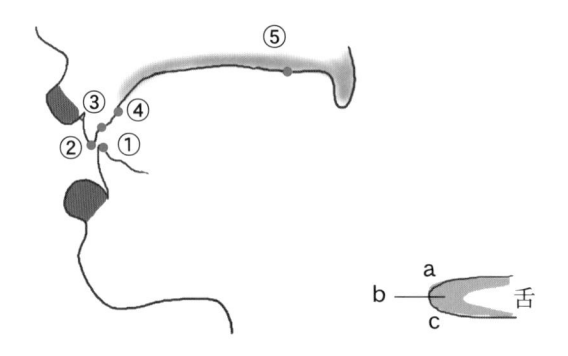

　舌の先を上あごに沿ってなぞっていき、「舌をそらせる」とはどういうことか実感してみましょう。まず舌先を下の歯の先端に置いてください。これを①の位置とします。次に、舌先を上の歯の先端につけてください。これが②の位置です。そこから、舌先で上の歯の裏をなぞると、歯茎につきます。ここが③です。更に奥のほうになぞっていくとちょっと突き出たところがあります。ここを④とします。そこを過ぎるといったんガクンと窪み、更に奥になぞっていくともうこれ以上舌先が奥に行かないあたりまで来ます。ここを⑤とします。

　さて、今度は舌先のどの部分が上あごに接触しているかに気をつけながらもう一度上あごを奥のほうになぞっていくこととしましょう。舌の先端をbとし、表側をa、裏側をcとします。すると、①の位置ではbが接触しています。②の位置でもbおよびaが接触しています。③の位置まではaが接触しています。ところが、④の位置に来るとまたbが接触し、そこを越えるとこんどはc、つまり舌の裏側が接触します。このように舌の裏側が上あごにあい対するようにすることが「舌をそらせる」ということなのです。

中国語のそり舌音は実際には④の位置、つまりちょっと突き出たあたりに舌先を置いて発音します。zhとchは無気音・有気音の違いです。shは摩擦音なので、舌先は上あごに接触はさせず、接近させるだけですが、位置関係はzh、chと同じです。rも摩擦音ですが、これはshiを長く発音していると最後の部分がriの音になります。英語のrのような音と、zhの音に含まれる濁摩擦音を兼ね備えた音です。

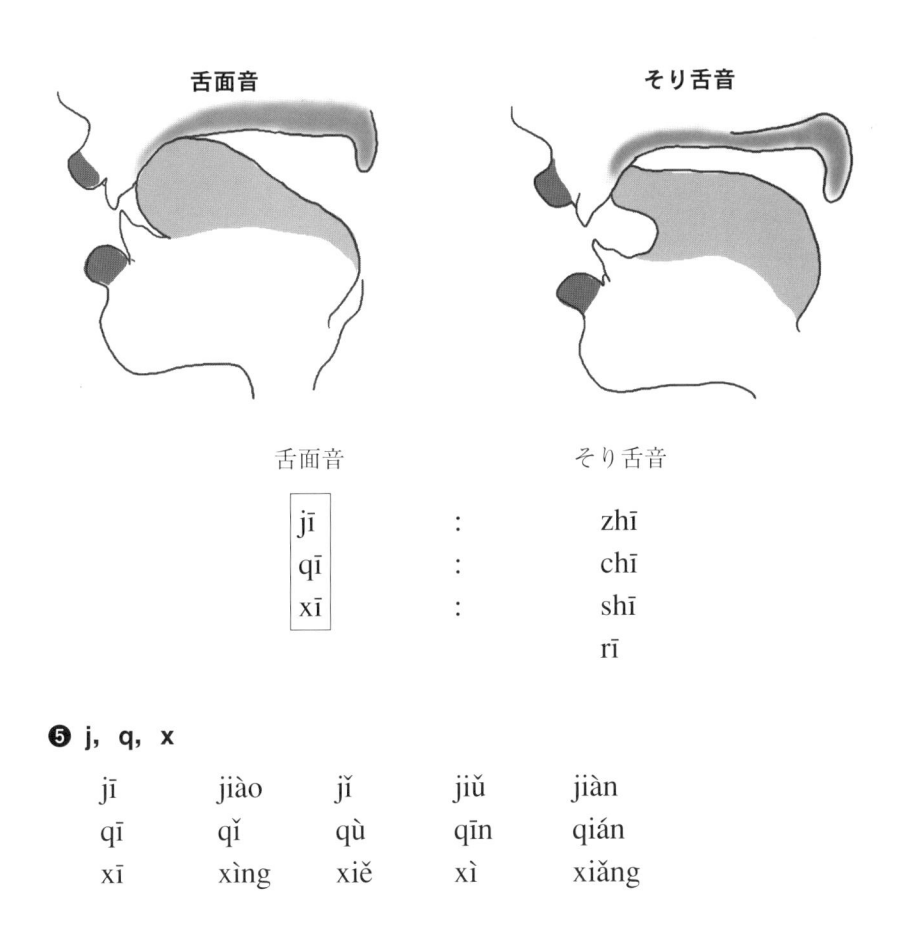

舌面音　　　　　　　　　**そり舌音**

舌面音　　　　　　　　　　そり舌音

jī	:	zhī
qī	:	chī
xī	:	shī
		rī

❺ j, q, x

jī	jiào	jǐ	jiǔ	jiàn
qī	qǐ	qù	qīn	qián
xī	xìng	xiě	xì	xiǎng

ju、qu、xuと綴られている場合、実際の母音は［u］ではなくて［ü］です。

CD 1-10

❻ zh, ch, sh, ri

zhī	zhè	zhāng	zhōng	zhuān
chī	chá	chōng	cháng	chuān
shī	shì	shéi	shuǐ	shén
rī	rén	ròu	rè	ràng

◆特殊な子音：er

erはまず「ア」に近い母音から始まり、舌先を⑤のあたりまでそらせて発音します。

ēr   ér   ěr   èr

◆発音練習

Zhī zhī wéi zhī zhī, bù zhī wéi bù zhī, shì zhī yě.
知 之 为 知 之，不 知 为 不 知，是 知 也。

これは『論語』の言葉で、「知っていることを知っていることとし、知らないことは知らないとする、それが知っているということだ。」という意味です。そり舌音が多くて、早口言葉みたいですね。

```
数字
yī   èr   sān  sì   wǔ   liù  qī   bā   jiǔ  shí
一   二   三   四   五   六   七   八   九   十
```

第四课 Dì sì kè

1 難しい発音

❶ er と r 化 ("儿化")

er はそれだけで音節になるほか、他の音節の後につくことがあり、それを「r 化」といいます。特に要注意の点は n や i で終わる音節に r が付いた場合、綴りの上では n や i を書いておきますが、発音上は n や i が完全に脱落することです。

érzi	nǚ'ér	ěrduo	èr	
zhèr	nàr	shìr	shíhour	kòngr
wánr	yìdiǎnr	zhèibiānr		
yíhuìr	xiǎoháir			

-n ⎫
-i ⎭ は脱落

❷ 軽声の e の母音

軽声になった e の母音は「ア」に近い曖昧母音で発音します。

nǐ de　　hǎo le　　kànzhe　　shénme

❸ 3つの i

i は前につく子音の種類に応じて3つの音色で発音されます。1行目はふつうの i です。2行目はそり舌音の後にきた場合で、i 自体もそり舌音の音色を帯びます。この場合、口角をあまり横に引きすぎるとかえって発音しにくくなります。3行目は z、c、s の後にきた場合です。日本語の「ツ」や「ス」で代用せずに、口角をはっきり横に引いて発音します。

yi	bi	pi	mi	di	ti	ni	li	ji	qi	xi
zhi	chi	shi	ri						
zi	ci	si							

♣早口ことば

西施　死　时　四十四　　（「西施」は中国古代の美人の名前。
Xīshī sǐ shí sìshísì　　　西施が死んだときは44歳だった、の意）

❹ j，q，x，y の後の u は [ü]

j、q、x、y の後の u の字の実際の発音は [ü] です。

  ju qu xu yu (nü lü)

n と l の後では "ü" と綴ります。

❺ 3声

3声は低く平らに発音します。

  Běijīng hǎiyáng mǎlù yǐzi Shànghǎi

❻ 3声＋3声→2声＋3声

3声が連続すると前の3声は2声に変化します。

  yě hǎo hǎo jiǔ hěn hǎo

❼ 軽声の高さ

軽声の高さは前の声調が何であるかによって自動的に決まります。

  3声の後：高い jiějie nǎinai wǒ de
  それ以外：低い gēge yéye bàba

❽ まぎれやすい発音

  zī : zū   jiāo : zhāo
  cī : cū   qiāo : chāo
  sī : sū   xiāo : shāo
  sì : sè : sà
  qízi : chízi fū : hū
  zǒu : zuǒ   dōu : duō
  gēng : gōng lěng : lǒng
  pēn : pēng   běn : běng
  bāng : bēng jīn : jīng
  hún : hóng

❾ 間違えやすい綴り

c-	cóng	cānjiā		（コン、カンジャーとならないよう）
-ian	tiān	nián	yǎnjing	（ティヤン、ニヤン、ヤンジンとならないよう）

表現

零 líng（ゼロ）　百 bǎi（百）　千 qiān（千）　万 wàn（万）　亿 yì（億）

请 qǐng（どうぞ）　请问 qǐngwèn（おたずねしますが）

同学 tóngxué（クラスメート）　到 dào（はい、出席を取るときの返事）

セルフマスター
話す中国語　入門篇

ユニット 2

第五课 Dì wǔ kè

生词 shēngcí　　　　　　　　　　　　　　CD 1-13

你 [代] nǐ　あなた
是 [动] shì　です
中国 [名] Zhōngguó　中国
人 [名] rén　人
吗 [助] ma　～か？
对 [形] duì　正しい，はい
会 [动] huì　できる
中文 [名] Zhōngwén　中国語
也 [副] yě　～も
不 [副] bù　～ない，いいえ
我 [代] wǒ　私，僕
日本 [名] Rìběn　日本
啊 [叹] à　おや，あら，へぇー

的 [助] de　～の
很 [副] hěn　とても
好 [形] hǎo　よい，元気な
过奖 [动] guòjiǎng　ほめすぎる
　　　　　　　　　→とんでもない
留学生 [名] liúxuéshēng　留学生
吧 [助] ba　～でしょう？，～し
　　ましょう
认识 [动] rènshi　知っている，
　　知り合う
高兴 [形] gāoxìng　うれしい
＊**补充生词**　bǔchōng shēngcí
他（她）[代] tā　彼（彼女）

■■ 语法 yǔfǎ　　　　　　　　　　　　　　CD 1-14

1　SVO

中国語の基本的な語順は「S（主語）＋V（動詞）＋O（目的語）」です。例えば：

我是日本人。Wǒ shì Rìběnrén.　　私は日本人です。
我会中文。Wǒ huì Zhōngwén.　　私は中国語ができます。
我认识你。Wǒ rènshi nǐ.　　　　私はあなたを知っています。

この点では中国語は英語に似ていますが、他の語順はむしろ日本語に類似しています。

2　否定形

否定形は動詞（または形容詞）の直前に"不"をつけて表わします。

我不是日本人。Wǒ bú shi Rìběnrén.　　私は日本人ではありません。
我不会中文。Wǒ bú huì Zhōngwén.　　　私は中国語ができません。

◆ "不"の発音
 "不"は直後に来る声調に応じて声調が変化します：
  bù（不変化）… 単独の時、例えば：不！ bù！（いいえ）
  bù（不変化）… 後ろが1・2・3声の時、例えば：不高兴 bù gāoxìng（うれしくない）、不好 bù hǎo（よくない、「好きではない」ではありません。）
  bú（二声に変化）… 後ろが4声の時、例えば：不会 bú huì（できない）、不对 bú duì（正しくない、違います）、不认识 bú rènshi（知り合いではない）、不是 bú shi（～ではない、この場合"是"は軽声になりますが、本来4声であるため"不"は2声に変化します。頻用される表現なので要注意。）

3　疑問文(1)

 平叙文を疑問文にする最も普通の方法はその平叙文の終りに"吗"を付けることです：
  你是日本人吗？ Nǐ shì Rìběnrén ma?　あなたは日本人ですか？

たぶんそうだろうと予測していて、それを確認する場合は"吧"を付けます：
  你是留学生吧？ Nǐ shì liúxuéshēng ba?　あなたは留学生でしょう？

平叙文をそのまま疑問文として使うこともあります。その場合の疑問イントネーションは、英語のように文末が上昇調になるのではなく、文末の単語が全体として高めに発音され、声調の上げ下げのパターンは維持されます。意味的には、軽い驚きを表わします：
  你会中文？ Nǐ huì Zhōngwén?　あなたは中国語ができるのですか!?

4　"很"と形容詞

 中国語の形容詞は単独だと対比の意味があり、そのままでは文が完結せず、後に何かが続く感じがします：
  你的中文好，… Nǐ de Zhōngwén hǎo, …　あなたの中国語はうまい、（だが彼は下手だ、とかいった文が後に続く感じがし、このままでは文が完結しない。）

対比の意味がなく、ただ普通に言いたい時は形容詞の前に"很"を付けます。この際、"很"には「とても」という意味はなく、ただ文を完結させるための働きをしています：
  你的中文很好。 Nǐ de Zhōngwén hěn hǎo.　あなたの中国語はうまい。

课文 kèwén

キャンパスで中国語で携帯電話をかけている人がいたので、山川静さんは思いきって話しかけてみることにしました…

A: 请问, 你 是 中国人 吗?
　　Qǐngwèn, nǐ shì Zhōngguórén ma?

B: 对。 你 会 中文? 你 也 是
　　Duì.　Nǐ huì Zhōngwén?　Nǐ yě shì

　　中国人 吗?
　　Zhōngguórén ma?

A: 不, 我 是 日本人。
　　Bù, wǒ shì Rìběnrén.

B: 啊, 你 的 中文 很 好。
　　À, nǐ de Zhōngwén hěn hǎo.

A: 过奖。 你 是 留学生 吧?
　　Guòjiǎng.　Nǐ shì liúxuéshēng ba?

B: 对, 我 是 留学生。
　　Duì, wǒ shì liúxuéshēng.

A: 认识 你, 很 高兴。
　　Rènshi nǐ, hěn gāoxìng.

B: 我 也 很 高兴。
　　Wǒ yě hěn gāoxìng.

🍀 本文・直訳

A：おたずねしますが、あなたは中国人ですか？
B：はい。あなたは中国語ができるのですか⁉
　　あなたも中国人ですか？
A：いいえ、私は日本人です。
B：へぇー、あなたの中国語はうまいですね。
　　（「とても」がないことに注意！）
A：ほめすぎです。あなたは留学生でしょう？
B：はい、私は留学生です。
A：あなたと知り合ってうれしいです。
　　（「とても」がないことに注意！）
B：私もうれしいです。

🍀 本文・自然な訳

A：あの、あなたは中国人ですか？
B：ええ。中国語ができるんですか？
　　あなたも中国人ですか？
A：いいえ、私は日本人です。
B：あら、あなたは中国語が上手ですね。
A：とんでもない。あなたは留学生なんでしょう？
B：ええ、私は留学生です。
A：お知り合いになれてうれしいわ。
B：私もうれしいです。

■■ 替换练习 tìhuàn liànxí　　CD 1-16

> 我是日本人。Wǒ shì Rìběnrén.

1. （问）吗？ ma?
2. （答）
3. （问）中国人吗？ Zhōngguórén ma?
4. （答）
5. （问）日本人吧？ Rìběnrén ba?
6. （答）

■■ 应用会话 yìngyòng huìhuà　　CD 1-17

1. 你是日本人吗？　　　　　　　　Nǐ shì Rìběnrén ma?
   ——对。我是日本人。　　　　　Duì, wǒ shì Rìběnrén.
   他也是日本人吗？　　　　　　　Tā yě shì Rìběnrén ma?
   ——对，他也是日本人。　　　　Duì, tā yě shì Rìběnrén.

2. 你会中文吗？　　　　　　　　　Nǐ huì Zhōngwén ma?
   ——对，我会中文。　　　　　　Duì, wǒ huì Zhōngwén.
   他也会中文吗？　　　　　　　　Tā yě huì Zhōngwén ma?
   ——对，他也会中文。　　　　　Duì, tā yě huì Zhōngwén.

3. 你是留学生吗？　　　　　　　　Nǐ shì liúxuéshēng ma?
   ——我不是留学生。　　　　　　Wǒ bú shi liúxuéshēng.
   他是留学生吗？　　　　　　　　Tā shì liúxuéshēng ma?
   ——他也不是留学生。　　　　　Tā yě bú shi liúxuéshēng.

4. 你是中国人吧？　　　　　　　　Nǐ shì Zhōngguórén ba?
   ——不，我是日本人。　　　　　Bù, wǒ shì Rìběnrén.
   你会中文吧？　　　　　　　　　Nǐ huì Zhōngwén ba?
   ——对，我会中文。　　　　　　Duì, wǒ huì Zhōngwén.

🍀 転換練習・解答

1. 你是日本人吗？　Nǐ shì Rìběnrén ma?
2. 我是日本人。　　Wǒ shì Rìběnrén.
3. 你是中国人吗？　Nǐ shì Zhōngguórén ma?
4. 我不是中国人。　Wǒ bú shi Zhōngguórén.
5. 你是日本人吧？　Nǐ shì Rìběnrén ba?
6. 我是日本人。　　Wǒ shì Rìběnrén.

🍀 応用会話・日本語訳

1. あなたは日本人ですか？
　——はい、私は日本人です。
　彼も日本人ですか？
　——はい、彼も日本人です。

2. あなたは中国語ができますか？
　——はい、私は中国語ができます。
　彼も中国語ができますか？
　——はい、彼も中国語ができます。

3. あなたは留学生ですか？
　——私は留学生ではありません。
　彼は留学生ですか？
　——彼も留学生ではありません。

4. あなたは中国人でしょう？
　——いいえ、私は日本人です。
　あなたは中国語ができるでしょう？
　——はい、私は中国語ができます。

練習問題

1 { }内の単語を全部使って正しい文を作り、ピンインに直し、日本語訳しましよう。

a) { 中文，你，好，的，很 } _____

b) { 也，人，吗，中国，你，是 } _____

c) { 留学生，是，吧，你 } _____

d) { 高兴，也，我，很 } _____

e) { 不，我，中文，会 } _____

2 次の文をまず疑問文に変えて漢字で書き、ピンインで否定形で答えましょう。

a) 我是日本人。_____

b) 他的中文很好。_____

c) 他也会中文。_____

d) 我很高兴。_____

3 決まり文句・日文中訳［漢字とピンインで答えましょう］

a) おたずねしますが。＿＿＿＿＿＿＿＿＿＿＿＿＿＿
　＿＿＿＿＿＿＿＿＿＿＿＿＿＿＿＿＿＿＿＿＿＿

b) はい。いいえ。＿＿＿＿＿＿＿＿＿＿＿＿＿＿＿
　＿＿＿＿＿＿＿＿＿＿＿＿＿＿＿＿＿＿＿＿＿＿

c) とんでもないです。［褒められた時に］　＿＿＿＿＿＿
　＿＿＿＿＿＿＿＿＿＿＿＿＿＿＿＿＿＿＿＿＿＿

d) お知り合いになれてうれしく思います。＿＿＿＿＿＿
　＿＿＿＿＿＿＿＿＿＿＿＿＿＿＿＿＿＿＿＿＿＿

4 つぎの会話を漢字に直し、日本語に訳しましょう。

A: Nǐ hǎo…＿＿＿＿＿＿＿＿＿＿＿＿＿＿＿＿＿＿

B: Nǐ hǎo!＿＿＿＿＿＿＿＿＿＿＿＿＿＿＿＿＿＿＿

A: À, nǐ huì Zhōngwén?＿＿＿＿＿＿＿＿＿＿＿＿＿

B: Wǒ de Zhōngwén bù hǎo.＿＿＿＿＿＿＿＿＿＿＿

A: Bù, nǐ de Zhōngwén hěn hǎo.＿＿＿＿＿＿＿＿＿

B: Shì ma?　Xièxie.＿＿＿＿＿＿＿＿＿＿＿＿＿＿

LY 狼羊对话 lángyáng duìhuà　　　CD 1-18

狼: 认识我，很高兴吧?
　　Rènshi wǒ, hěn gāoxìng ba?

羊: 我不高兴。
　　Wǒ bù gāoxìng.

狼：ボクと知りあってうれしいだろう？
羊：うれしくなんかないわ。

第六课　Dì liù kè

生词 shēngcí　　　　　　　　　　　　　　　　　　　　　CD 1-19

貴姓　[名] guìxìng　尊い姓→あなたの苗字
姓　[动] xìng　〜を姓とする
李　[名] Lǐ　（人名）
叫　[动] jiào　〜という
惠　[名] Huì　（人名）
怎么　[代] zěnme　どのように
写　[动] xiě　書く
看　[动] kàn　見る
哦　[叹] ò　あぁ（合点がいったときの間投詞）
名字　[名] míngzi　名前

呢　[助] ne　（文法欄を参照）
什么　[代] shénme　何，何の
山川　[名] Shānchuān　（人名）
静　[名] Jìng　（人名）
好听　[形] hǎotīng　（響きが）きれいな

＊**补充生词**　bǔchōng shēngcí

您　[代] nín　（尊敬をこめた）あなた
谁　[代] shéi (shuí)　誰
老师　[名] lǎoshī　先生
这么　[代] zhème　このように

■■ 语法 yǔfǎ　　　　　　　　　　　　　　　　　　　　　CD 1-20

1　疑问文 (2)

疑問詞を使った疑問文は文末に"吗"をつけません：

　怎么写? Zěnme xiě?　どう書くのですか？
　你叫什么名字? Nǐ jiào shénme míngzi?　あなたはどういう名前ですか？

"呢"はある質問を別のことに関して聞く場合、その別のことの後ろにつけると、同じ質問をしたことになります。例えば：

　你呢? Nǐ ne?　あなたは？（これは本文では"你贵姓?"と聞かれたのに答え、その後で言ったものなので"你贵姓?"と相手に聞きかえしたのと同じになります。）

2 名前の聞き方・答え方

您贵姓？ Nín guìxìng?　あなたのお名前は何とおっしゃいますか？

（苗字だけたずねる丁寧な聞き方。）

——我姓李。Wǒ xìng Lǐ.　私は李と申します。（苗字だけを答える。）

你叫什么名字？ Nǐ jiào shénme míngzi?　あなたのお名前は？

（フルネームのたずね方。ただし年長者に対してこう聞くとやや失礼になります。）

——我叫李惠。Wǒ jiào Lǐ Huì.

私は李恵と申します。（フルネームで答える。）

3 "谁"の発音

"谁"には shéi と shuí の２通りの発音があります。shéi は口語で一番ふつうに使う発音です。shuí はやや改まった感じがします。しかし、意味はまったく同じです。

4 "狼羊对话"の注釈

狼のセリフ"啊，你好，你好！你是李惠吧?"の"你好，你好！"ですが、中国語ではよく同じ表現を２〜３度繰り返して言うことがあり、一度だけ言うよりも意味が強調されます。また"李惠"と言っていますが、中国語では「姓＋名」で呼びかけるのが一番ふつうで（日本語の「姓＋さん」にあたる）、呼びすてにしているようなニュアンスはありません。

课文 kèwén

知り合いになれたので、まず名前を聞き合います。

A: 你 贵姓?
　　Nǐ　guìxìng?

B: 我 姓 李, 叫 李 惠。
　　Wǒ xìng Lǐ, jiào Lǐ Huì.

A: "Lǐ Huì"? 怎么 写?
　　　　　　　　Zěnme xiě?

B: 你 看, "李 惠"。
　　Nǐ kàn, "Lǐ Huì".

A: 哦, 李 惠。 好 名字。
　　O, Lǐ Huì.　Hǎo míngzi.

B: 你 呢? 你 叫 什么 名字?
　　Nǐ ne?　Nǐ jiào shénme míngzi?

A: 我 叫 山川 静。
　　Wǒ jiào Shānchuān Jìng.

B: 啊, 很 好听。
　　A, hěn hǎotīng.

🍀 本文・直訳

A：お名前は何とおっしゃいますか？
B：私は李という姓で、李恵といいます。
A：リー・ホイ？どう書くのですか？
B：あなた見て下さい（＝ほら、相手の注意を喚起する時の決まり文句）、「李恵」です。
A：ああ、李恵ですか。いい名前ですね。
B：あなたは？あなたは何という名前ですか？
A：私は山川静と申します。
B：あら、きれい（な響き）ですね。

🍀 本文・自然な訳

A：お名前は？
B：苗字は李で、李恵といいます。
A：リー・ホイ？どういう字ですか？
B：ほら、「李恵」です。
A：ああ、「李恵」ですか。いい名前ですね。
B：あなたは？あなたのお名前は？
A：私は山川静といいます。
B：あら、きれいね。

■ 替换练习 tìhuàn liànxí　　CD 1-22

> 我叫李惠。Wǒ jiào Lǐ Huì.

1. （问）姓？xìng?
2. （答）
3. （问）名字？míngzi?
4. （答）

■ 应用会话 yìngyòng huìhuà　　CD 1-23

1. 您贵姓？　　　　　　　　　Nín guìxìng?
   ——我姓＿＿＿＿＿＿。　　　Wǒ xìng ＿＿＿＿＿＿.
   你叫什么名字？　　　　　　Nǐ jiào shénme míngzi?
   ——我叫＿＿＿＿＿＿。　　　Wǒ jiào ＿＿＿＿＿＿.
   啊，好名字。　　　　　　　À, hǎo míngzi.
   ——你呢？您贵姓？　　　　 Nǐ ne? Nín guìxìng?
   我姓＿＿＿＿＿，叫＿＿＿＿＿。
   　　Wǒ xìng ＿＿＿＿＿, jiào ＿＿＿＿＿.

2. 她是谁？　　　　　　　　　Tā shì shéi?
   ——她是中国留学生。　　　 Tā shì Zhōngguó liúxuéshēng.
   她叫什么名字？　　　　　　Tā jiào shénme míngzi?
   ——她叫李惠。　　　　　　 Tā jiào Lǐ Huì.

3. 他（她）是谁？　　　　　　Tā shì shéi?
   ——他（她）是我的老师。　 Tā shì wǒ de lǎoshī.
   他（她）叫什么名字？　　　Tā jiào shénme míngzi?
   ——他（她）叫＿＿＿＿＿。 Tā jiào ＿＿＿＿＿.
   怎么写？　　　　　　　　　Zěnme xiě?
   ——你看，这么写。　　　　 Nǐ kàn, zhème xiě.

🍀 転換練習・解答

1. 您贵姓?　　　　Nín guìxìng?
2. 我姓李。　　　　Wǒ xìng Lǐ.
3. 你叫什么名字?　Nǐ jiào shénme míngzi?
4. 我叫李惠。　　　Wǒ jiào Lǐ Huì.

🍀 応用会話・日本語訳

1. お名前は何とおっしゃいますか？
   ——私は（苗字）と申します。
   フルネームは何というのですか？
   ——フルネームは（苗字・名前）といいます。
   ああ、いい名前ですね。
   ——あなたは？あなたのお名前は何とおっしゃいますか？
   私は（苗字）という姓で、（フルネーム）と申します。

2. 彼女は誰ですか？
   ——彼女は中国留学生です。
   彼女の名前は何というのですか？
   ——彼女は李恵といいます。

3. 彼（彼女）は誰ですか？
   ——彼（彼女）は私の先生です。
   彼（彼女）は何という名前ですか？
   ——彼（彼女）は（姓・名）といいます。
   どう書くのですか？
   ——ほら、こんなふうに書きます。

練 習 問 題

1 { }内の単語を全部使って正しい文を作り、ピンインに直し、日本語訳して下さい。

a) { 叫, 惠, 李, 我, 李, 姓 } _____

b) { 名字, 什么, 叫, 你 } _____

c) { 写, 怎么 } _____

d) { 贵, 你, 姓 } _____

e) { 山川, 叫, 我, 静 } _____

2 決まり文句・日文中訳 [漢字とピンインで答えて下さい]

a) あなたの苗字は何とおっしゃいますか？_____

b) あなたのお名前は？_____

c) 私は李恵と申します。_____

d) どう書くのですか？_____

3 次の場面でどう言いますか？ [漢字とピンインで答えて下さい]

a) 合点がいった時：_____

b) 同じ質問を相手に出す時：_____

4 つぎの会話を漢字に直し、日本語に訳して下さい。

A: Nǐ guìxìng? _____

B: Wǒ xìng Shānchuān, jiào Shānchuān Jìng. _____

_____

A: Zěnme xiě? _____

B: Nǐ kàn, zhème xiě. _____

A: À, hǎo míngzi. _____

B: Nǐ ne? Nǐ jiào shénme míngzi? _____

A: Wǒ jiào Lǐ Huì. _____

LY 狼羊对话 lángyáng duìhuà　　CD 1-24

狼：啊，你好，你好！你是李惠吧？
　　À, nǐ hǎo, nǐ hǎo! Nǐ shì Lǐ Huì ba?

羊：我不姓李，也不叫惠。再见！
　　Wǒ bú xìng Lǐ, yě bú jiào Huì. Zàijiàn!

狼：やあ、今日は！あなたは李惠さんでしょう？
羊：私の姓は李じゃないし、惠ともいいません。さよなら！

第七课　Dì qī kè

生词 shēngcí　　　　　　　　　　　　　　CD 1-25

哪个 ［代］ nǎge/něige　どの
系 ［名］ xì　学部・学科
法律 ［名］ fǎlǜ　法律
文学 ［名］ wénxué　文学
专业 ［名］ zhuānyè　專攻
几 ［代］ jǐ　いくつ
年级 ［名］ niánjí　〜年生
那 ［连］ nà　それでは
我们 ［代］ wǒmen　私たち
都 ［副］ dōu　みな、いずれも
＊补充生词　bǔchōng shēngcí
你们 ［代］ nǐmen　あなたたち
他们 ［代］ tāmen　彼ら
咱们 ［代］ zánmen　私たち（文法欄を参照）

■ 语法 yǔfǎ　　　　　　　　　　　　　　CD 1-26

1　〜的

名詞・動詞・形容詞などの後に"〜的"がつくと「〜の人、物」という意味になります：

　法律系的　fǎlǜxì de　法学部の人（者）

　文学系的　wénxuéxì de　文学部の人（者）

　我的　wǒ de　私の物

2　名詞（ふつうは数詞）述語文

数詞は"是"がなくとも直接述語になることができます：

　我一年级。Wǒ yī niánjí.　私は一年生です。

しかし、否定形や他の副詞がつく時や、"吗"を伴った疑問形ではやはり"是"が必要です：

　我不是一年级。Wǒ bú shi yī niánjí.　私は一年生ではありません。

　我也是一年级。Wǒ yě shì yī niánjí.　私も一年生です。

　你是一年级吗？Nǐ shì yī niánjí ma?　あなたは一年生ですか？

また、確かにそうであることを強調する時は"是"を入れます。この場合の"是"は強く発音します：

　我是一年级。　Wǒ shì yī niánjí.　私は一年生なのです。

3 "一"の発音

"一"は"不"と似た声調変化をします。

単独の時、末尾にある時、序数(順序を表わす数、「一番目の」という意味の場合、英語のfirstに相当)はそのまま一声のyīです：一 yī, 十一 shíyī, 第一课 dì yī kè；

後に1・2・3声が来ると4声のyìになります：一千 yìqiān, 一年 yìnián, 一百 yìbǎi；

後に4声が来ると2声のyíに変化します：一万 yíwàn, 一个 yí ge（"个"は本来4声のgèだったので、普通は軽声で発音するものの、4声に準ずる効果を"一"に及ぼします。)

4 人称代名詞

我 wǒ	我们 wǒmen ／ 咱们 zánmen
你 nǐ ／ 您 nín	你们 nǐmen
他（她／它）tā	他们（她们）tāmen

一人称複数は聞き手も含む場合は"咱们"を使い、そうとは限らない場合は"我们"を使います。(例えば："我们是日本人。你们是中国人。咱们都是亚洲(Yàzhōu)人。"私たちは日本人です。あなた達は中国人です。私たち（相手も含む）はみんなアジア人です。)

二人称単数のうち、"您"は尊敬をこめた呼び方で、"你"は普通の呼び方です。

三人称単数は発音はtāの一種ですが、書く時は男は"他"（彼）、女は"她"（彼女）、物は"它"（それ）となります。三人称複数は女だけの時は"她们"と書き、男だけ又は男女を含む時は"他们"と書きます。翻訳調の書き言葉を除くと普通は"它们"という形はありません。

课文 kèwén

学部・専攻・学年を尋ねます。

A: 你 是 哪个 系 的?
　　Nǐ shì nǎge xì de?

B: 我 是 法律系 的。 你 呢?
　　Wǒ shì fǎlǜxì de. Nǐ ne?

A: 我 是 文学系 的。
　　Wǒ shì wénxuéxì de.

B: 你 的 专业 是 什么?
　　Nǐ de zhuānyè shì shénme?

A: 日本 文学。
　　Rìběn wénxué.

B: 你 几 年级?
　　Nǐ jǐ niánjí?

A: 一 年级。
　　Yī niánjí.

B: 我 也 是。
　　Wǒ yě shì.

A: 那 我们 都 是 一 年级。
　　Nà wǒmen dōu shì yī niánjí.

🌿 本文・直訳

A：あなたはどの学部の人ですか？
B：私は法学部の者です。あなたは？
A：私は文学部の者です。
B：あなたの専門は何ですか？
A：日本文学です。
B：あなたは何年生ですか？("几"も数詞に準ずるので"是"が不要)
A：一年生です。
B：私もです。(この場合、動詞の"是"を省略することは不可)
A：それなら私たちはどちらも一年生ですね。(副詞の"都"があるので"是"が必要)

🌿 本文・自然な訳

A：あなたは何学部ですか？
B：私は法学部です。あなたは？
A：私は文学部です。
B：あなたの専門は何ですか？
A：日本文学です。
B：何年生ですか？
A：一年生です。
B：私も。
A：じゃあ二人とも一年生ね。

■■ 替换练习 tìhuàn liànxí   CD 1-28

> 我一年级。Wǒ yī niánjí.

1. （问）吗？ ma?
2. （答）
3. （问）二年级？ èr niánjí?
4. （答）
5. （问）几年级？ jǐ niánjí?
6. （答）

■■ 应用会话 yìngyòng huìhuà   CD 1-29

1. 你是哪个系的？　　　　　　Nǐ shì nǎge xì de?
   ——我是文学系的。　　　　Wǒ shì wénxuéxì de.
   我也是。咱们都是文学系的。
   　　　Wǒ yě shì. Zánmen dōu shì wénxuéxì de.

2. 你的专业是什么？　　　　　Nǐ de zhuānyè shì shénme?
   ——我的专业是法律。你呢？　Wǒ de zhuānyè shì fǎlǜ. Nǐ ne?
   我的专业是文学。　　　　　Wǒ de zhuānyè shì wénxué.
   ——什么文学？　　　　　　Shénme wénxué?
   中国文学。　　　　　　　　Zhōngguó wénxué.

3. 你几年级？　　　　　　　　Nǐ jǐ niánjí?
   ——我＿＿＿＿年级。你呢？　Wǒ ＿＿＿＿ niánjí. Nǐ ne?
   我也是＿＿＿＿年级。他呢？　Wǒ yě shì ＿＿＿＿ niánjí. Tā ne?
   ——他也是＿＿＿＿年级吧。　Tā yě shì ＿＿＿＿ niánjí ba.
   那我们都是＿＿＿＿年级。　　Nà wǒmen dōu shì ＿＿＿＿ niánjí.

🌸 転換練習・解答

1. 你是一年级吗？　Nǐ shì yī niánjí ma?
2. 我是一年级。　　Wǒ shì yī niánjí.
3. 你是二年级吗？　Nǐ shì èr niánjí ma?
4. 我不是二年级。　Wǒ bú shi èr niánjí.
5. 你几年级？　　　Nǐ jǐ niánjí?
6. 我一年级。　　　Wǒ yī niánjí.

🌸 応用会話・日本語訳

1. あなたは何学部ですか？
   ——私は文学部です。
   私もです。私たちはみな文学部ですね。

2. あなたの専門は何ですか？
   ——私の専門は法律です。あなたは？
   私の専門は文学です。
   ——何文学ですか？
   中国文学です。

3. あなたは何年生ですか？
   ——私は＿＿＿＿年生です。あなたは？
   私も＿＿＿＿年生です。彼は？
   ——彼も＿＿＿＿年生でしょう。
   それなら私たちはみな＿＿＿＿年生です。

練習問題

1 〔 〕内の単語を全部使って正しい文を作り、ピンインに直し、日本語訳して下さい。

a) ｛哪个，是，系，你，的｝ _____

b) ｛什么，专业，你，是，的｝ _____

c) ｛是，那，我们，年级，都，一｝ _____

d) ｛的，我，系，是，文学｝ _____

e) ｛年级，几，你｝ _____

2 次の表の空欄を埋めて下さい。

	単　　数		複　　数	
1人称	_____	_____	我们 _____	/ _____ zánmen
2人称	_____ nǐ / 您 _____		_____	_____
3人称	_____ (_____/_____) tā		_____ (_____/_____) tāmen	

3 決まり文句・日文中訳 ［漢字とピンインで答えて下さい］

a) あなたは何年生ですか？ _____

b) 私は一年生です。 _____

c) あなたは何学部ですか？ _____

d) あなたの専攻は何ですか？ _____

_____

4 つぎの会話を漢字に直し、日本語に訳して下さい。

A: Nǐ shì nǎge xì de? _____

B: Wǒ shì fǎlǜxì de. _____

A: Wǒ yě shì fǎlǜxì de. _____

B: Nǐ jǐ niánjí? _____

A: Yī niánjí. _____

B: Nà zánmen dōu shì yī niánjí. _____

A: Rènshi nǐ, hěn gāoxìng. _____

B: Wǒ yě hěn gāoxìng. _____

LY 狼羊对话 lángyáng duìhuà　　CD 1-30

狼：你是哪个系的?
　　Nǐ shì nǎge xì de?

羊：我是法律系的。
　　Wǒ shì fǎlǜxì de.

狼：啊!? 你是法律系的!? 再见…
　　Á!? Nǐ shì fǎlǜxì de!? Zàijiàn…

狼：あなたは何学部ですか？
羊：私は法学部です。
狼：エッ!?法学部なんですか!?それじゃあ…

第八课　Dì bā kè

生词 shēngcí

要 [动] yào　要る
喝 [动] hē　飲む
喜欢 [动] xǐhuan　好きだ
可乐 [名] kělè　コーラ
还是 [连／副] háishi　それとも，やっぱり
乌龙茶 [名] wūlóngchá　ウーロン茶
三明治 [名] sānmíngzhì　サンドイッチ
吃 [动] chī　食べる
蔬菜 [名] shūcài　野菜
火腿 [名] huǒtuǐ　ハム

＊补充生词　bǔchōng shēngcí

还 [副] hái　そのほかに，まだ
鸡蛋 [名] jīdàn　卵

■■ 语法 yǔfǎ

1　疑問文(3)

動詞の肯定形と否定形を重ねて疑問文を作ることができます（この場合、間の"不"は軽声になります）：

你要不要喝的？　Nǐ yào bu yào hē de?

（直訳）あなたは飲物が要りますか、要りませんか？

你喜欢不喜欢三明治？　Nǐ xǐhuan bu xǐhuan sānmíngzhì?

（直訳）あなたはサンドイッチが好きですか、嫌いですか？

他是不是日本人？　Tā shì bu shì Rìběnrén?

（直訳）彼は日本人ですか、そうではありませんか？

"吗"を使った文は何の予測もなく聞いている感じがしますが、肯定形と否定形を重ねた形の疑問文は肯定形の答を期待しているニュアンスがあり、日本語訳する時は否定疑問文にすると適切なことがよくあります：

あなたは飲物が要りませんか？

あなたはサンドイッチが好きではありませんか？

彼は日本人ではありませんか？

2　疑問文(4)

　Aですか、それともBですか？のように二つのうち一つを選択させる疑問文は"还是"を使って次のように言います：

　　你吃蔬菜的，还是吃火腿的？　Nǐ chī shūcài de, háishi chī huǒtuǐ de?

　　　あなたは野菜のを食べますか、それともハムのを食べますか？

　　你喜欢可乐，还是喜欢乌龙茶？　Nǐ xǐhuan kělè, háishi xǐhuan wūlóngchá?

　　　あなたはコーラが好きですか、それともウーロン茶が好きですか？

　　你是日本人，还是中国人？　Nǐ shì Rìběnrén, háishi Zhōngguórén?

　　　あなたは日本人ですか、それとも中国人ですか？

　この場合、日本語に影響されて"吗"を前の句や後ろの句の後につけると間違いですのでよく注意しましょう。それから、普通は後ろの句でも動詞をもう一度繰り返しますが、"是"に限っては"还是"にもう"是"が含まれているので後ろの句では"是"は繰り返しません（一番最後の例）。

课文 kèwén

食べ物や飲み物の好みをたずねます。

A: 你　要　不要　喝　的？
　　Nǐ　yào　bu　yào　hē　de?

B: 要。
　　Yào.

A: 你　喜欢　可乐，还是　喜欢　乌龙茶？
　　Nǐ　xǐhuan　kělè, háishi　xǐhuan　wūlóngchá?

B: 我　喜欢　乌龙茶。
　　Wǒ　xǐhuan　wūlóngchá.

A: 你　喜欢　不　喜欢　三明治？
　　Nǐ　xǐhuan　bu　xǐhuan　sānmíngzhì?

B: 喜欢。
　　Xǐhuan.

A: 你　吃　蔬菜　的，还是　吃　火腿　的？
　　Nǐ　chī　shūcài　de, háishi　chī　huǒtuǐ　de?

B: 我　吃　蔬菜　的。
　　Wǒ　chī　shūcài　de.

🍀 本文・直訳

A：あなたは飲む物が要りませんか？（ここでは勧めるような意味合いなので、要るだろう、というような予想をして肯定否定疑問文にしている）

B：要ります。

A：あなたはコーラが好きですか、それともウーロン茶が好きですか？

B：わたしはウーロン茶が好きです。

A：サンドイッチはお好きではありませんか？（ここでも形は疑問文ではあるが、実際の意味は質問することではなくサンドイッチを勧めることに主眼があるので、肯定否定疑問文になっている）

B：好きです。

A：野菜のを食べますか、それともハムのを食べますか？

B：私は野菜のを食べます。

🍀 本文・自然な訳

A：飲物は要りませんか？

B：いただくわ。

A：コーラが好き？それともウーロン茶が好き？

B：ウーロン茶の方が好きよ。

A：サンドイッチはお好きじゃないですか？

B：好きですよ。

A：野菜サンドにする？それともハムサンドにする？

B：野菜サンドにするわ。

■■ 替换练习 tìhuàn liànxí　　CD 1-34

> 我吃蔬菜的。Wǒ chī shūcài de.

1. （问）吃不吃? chī bu chī?
2. （答）
3. （问）吃不吃火腿的? chī bu chī huǒtuǐ de?
4. （答）
5. （问）蔬菜的，还是火腿的? shūcài de, háishi huǒtuǐ de?
6. （答）

■■ 应用会话 yìngyòng huìhuà　　CD 1-35

1. 你要不要喝的?　　　　　Nǐ yào bu yào hē de?
   ——要，我要可乐。　　　Yào, wǒ yào kělè.
   你要不要吃的?　　　　　Nǐ yào bu yào chī de?
   ——不要，我不要吃的。　Bú yào, wǒ bú yào chī de.

2. 你要什么?　　　　　　　Nǐ yào shénme?
   ——我要三明治。　　　　Wǒ yào sānmíngzhì.
   还要什么?　　　　　　　Hái yào shénme?
   ——还要乌龙茶。　　　　Hái yào wūlóngchá.

3. 你喜欢可乐，还是喜欢乌龙茶?
   　　Nǐ xǐhuan kělè, háishi xǐhuan wūlóngchá?
   ——我喜欢可乐。你呢?　Wǒ xǐhuan kělè. Nǐ ne?
   我都喜欢。　　　　　　　Wǒ dōu xǐhuan.

4. 你喜欢蔬菜的，还是喜欢火腿的?
   　　Nǐ xǐhuan shūcài de, háishi xǐhuan huǒtuǐ de?
   ——我都不喜欢。　　　　Wǒ dōu bù xǐhuan.
   那你喜欢什么的?　　　　Nà nǐ xǐhuan shénme de?
   ——我喜欢鸡蛋的。　　　Wǒ xǐhuan jīdàn de.

🍀 転換練習・解答

1. 你吃不吃蔬菜的？　　　　　Nǐ chī bu chī shūcài de?
2. 我吃蔬菜的。　　　　　　　Wǒ chī shūcài de.
3. 你吃不吃火腿的？　　　　　Nǐ chī bu chī huǒtuǐ de?
4. 我不吃火腿的。　　　　　　Wǒ bù chī huǒtuǐ de.
5. 你吃蔬菜的，还是吃火腿的？　Nǐ chī shūcài de, háishi chī huǒtuǐ de?
6. 我吃蔬菜的。　　　　　　　Wǒ chī shūcài de.

🍀 応用会話・日本語訳

1. 飲物は要りませんか？
   ——はい、コーラが欲しいです。
   食べ物は要りませんか？
   ——要りません、食べ物は要りません。

2. 何がお入り用ですか？
   ——サンドイッチを下さい。
   他に何がお入り用ですか？
   ——更にウーロン茶も下さい。（以上は買物の時の決まり文句）

3. あなたはコーラが好きですか、それともウーロン茶が好きですか？
   ——私はコーラが好きです。あなたは？
   私はどちらも好きです。

4. あなたは野菜サンドが好きですか、それともハムサンドが好きですか？
   ——どちらも好きではありません。
   ではあなたは何のが好きなのですか？
   ——私はタマゴサンドが好きです。

練 習 問 題

1 { }内の単語を全部使って正しい文を作り、ピンインに直し、日本語訳して下さい。

a) { 要, 你, 的, 不, 喝, 要 } _____

b) { 还是, 乌龙茶, 喜欢, 你, 可乐, 喜欢 } _____

c) { 喜欢, 三明治, 喜欢, 你, 不 } _____

d) { 蔬菜, 吃, 的, 还是, 的, 你, 火腿, 吃 } _____

2 次の文を肯定形と否定形を重ねた疑問文に変えて下さい[漢字とピンインで]。

a) 他是日本人。_____

b) 她喝乌龙茶。_____

c) 我吃蔬菜的。_____

3 日文中訳 [漢字とピンインで答えて下さい]

a) 彼女は日本人ですか、それとも中国人ですか？
_____
_____

b) あなたはコーラが要りますか、それともウーロン茶が要りますか？
_____
_____

c) あなたが食べるのですか、それとも彼が食べるのですか？
_____
_____

4 つぎの会話を漢字に直し、日本語に訳して下さい。

A: Nǐ yào shénme? _____

B: Wǒ yào sānmíngzhì. _____

A: Shūcài de, háishi huǒtuǐ de? _____

B: Huǒtuǐ de. _____

A: Hái yào shénme? _____

B: Hái yào kělè. _____

LY 狼羊对话 lángyáng duìhuà CD 1-36

狼：你喜欢我，还是喜欢他？
　　Nǐ xǐhuan wǒ, háishi xǐhuan tā?

羊：我都不喜欢。
　　Wǒ dōu bù xǐhuan.

狼：僕が好きかい、
　　それとも彼の方が好きかい？

羊：どっちも嫌いよ。

第九课 Dì jiǔ kè

生词 shēngcí　　　　　　　　　　　　　　　CD 1-37

告诉 [动] gàosu　言う，告げる
地址 [名] dìzhǐ　住所
啊 [助] a　よ，ね（自分の気持ちを相手にアピールする語気を付加する）
这 [代] zhè　これ
电话 [名] diànhuà　電話
号码 [名] hàomǎ　番号
多少 [代] duōshǎo　いくつ
以后 [名] yǐhòu　以後
教 [动] jiāo　教える

怎么样 [代] zěnmeyàng　どうですか
行 [形] xíng　大丈夫，OK
日文 [名] Rìwén　日本語
互相 [副] hùxiāng　互に
帮助 [动] bāngzhù　助ける

＊**补充生词**　bǔchōng shēngcí

那 [代] nà　あれ，それ
这个 [代] zhèige/zhège　これ
那个 [代] nèige/nàge　あれ，それ
事 [名] shìr　用事

■■ 语法 yǔfǎ　　　　　　　　　　　　　　CD 1-38

1　二重目的語

二つの目的語をとる少数の動詞があり、その場合、間接目的語（誰々ニ）が先で、直接目的語（何々ヲ）が後に来ます（この語順は英語と同じです）：

```
S   V   O   O
─────────────
```

他　告诉　我　他的地址。　Tā gàosu wǒ tā de dìzhǐ.
　　彼は私に彼の住所を告げます（教えてくれます）。

她　教　我　中文。　Tā jiāo wǒ Zhōngwén.
　　彼女は私に中国語を教えています。

ちなみに二重目的語をとる動詞は授受（あげる・もらう）を表わすものがほとんどです。

2 疑問文(5)

命令文の後に、"好吗？"や"怎么样？"を付加すると相手の都合を聞く穏やかな依頼になります：

告诉我你的地址，好吗？ Gàosu wǒ nǐ de dìzhǐ, hǎo ma?
　　私にあなたの住所を教えて下さい、いいですか？　→私にあなたの住所を教えてもらえませんか？

以后你教我中文，怎么样？ Yǐhòu nǐ jiāo wǒ Zhōngwén, zěnmeyàng?
　　今後あなたは私に中国語を教えて下さい、どうですか？　→今後私に中国語を教えてもらえませんか？

请你教我日文，好吗？ Qǐng nǐ jiāo wǒ Rìwén, hǎo ma?
　　どうぞ私に日本語を教えてもらえませんか？

3 指示詞

这	zhè	那	nà		
这个	zhèige /zhège	那个	nèige /nàge	哪个	něige /nǎge

中国語では日本語の「これ・それ・あれ」のような三分法ではなく、二分法になっています。日本語の「それ」にあたるものは"那"という場合と"这"という場合があります。

"这、那"は主語の位置のみで使い、ふつう後に来る動詞は"是"のみです。"这个、那个、哪个"は「この一つ、あの一つ、どの一つ」というのが語源ですが、実際にはあまり「一つ」の意味はなく、主語・目的語の位置で使われます。発音は、zhège・nàge・nǎge はやや改まった感じがし、口語では普通 zhèige・nèige・něige と発音します。なお"个"の付かない"哪"という言い方はありません。

4 "几"と"多少"

"几"は十以下の数を予想して聞く時に使い、"多少"は十以上の数を予想して聞く時に使います。

课文 kèwén

住所と電話番号を聞いて言葉の交換教授をすることになりました。

A: 告诉 我 你 的 地址，好 吗?
　　Gàosu wǒ nǐ de dìzhǐ, hǎo ma?

B: 好 啊。…这 是 我 的 地址。
　　Hǎo a. …Zhè shì wǒ de dìzhǐ.

A: 你 的 电话 号码 是 多少?
　　Nǐ de diànhuà hàomǎ shì duōshǎo?

B: ○ 一 - 二 三 四 五 - 六 七 八 九。
　　Líng yī, èr sān sì wǔ, liù qī bā jiǔ.

A: 以后 你 教 我 中文，怎么样?
　　Yǐhòu nǐ jiāo wǒ Zhōngwén, zěnmeyàng?

B: 行 啊。 请 你 教 我 日文，好 吗?
　　Xíng a. Qǐng nǐ jiāo wǒ Rìwén, hǎo ma?

A: 好 啊。 我们 互相 帮助 吧。
　　Hǎo a. Wǒmen hùxiāng bāngzhù ba.

B: 对, 我们 互相 帮助。
　　Duì, wǒmen hùxiāng bāngzhù.

🌱 本文・直訳

A：あなたの住所を教えてもらえませんか？
B：いいですよ（"好"だけだと「いいです」、"啊"がつくと自分の積極的な気持ちを相手に伝えるニュアンスが付け加わる）。これが私の住所です。
A：あなたの電話番号はいくつですか？
B：01—2345—6789です。
A：今後私に中国語を教えてもらえませんか？
B：いいですよ。（"行啊"と"好啊"はほとんど同様に使う。）どうぞ私に日本語を教えてもらえませんか？
A：いいですよ。私たちお互いに助け合いましょう。（ここでの"吧"は「〜しましょう」という勧誘の気持ちを表わす用法）
B：はい、私たちは助け合いましょう

🌱 本文・自然な訳

A：住所を教えてくれない？
B：いいわよ。これが私の住所よ。
A：電話番号は何番？
B：01—2345—6789よ。
A：今度から中国語を教えてもらえないかしら？
B：いいわよ。私には日本語を教えてもらえない？
A：いいわ。交換教授をしましょう。
B：ええ、そうしましょう。

替换练习 tìhuàn liànxí CD 1-40

> 她教我中文。Tā jiāo wǒ Zhōngwén.

1. （问）什么? shénme?
2. （答）
3. （问）教谁? jiāo shéi?
4. （答）
5. （问）谁教? shéi jiāo?
6. （答）

应用会话 yìngyòng huìhuà CD 1-41

1. 告诉我你的地址，好吗?   Gàosu wǒ nǐ de dìzhǐ, hǎo ma?
   ——好啊。…这是我的地址。   Hǎo a. …Zhè shì wǒ de dìzhǐ.
   你的电话号码是多少?   Nǐ de diànhuà hàomǎ shì duōshǎo?
   ——我的电话号码是_____。
   Wǒ de diànhuà hàomǎ shì _____.

2. 他（她）是谁?   Tā shì shéi?
   ——他（她）是我们的老师。   Tā shì wǒmen de lǎoshī.
   他（她）教你们什么?   Tā jiāo nǐmen shénme?
   ——他（她）教我们中文。   Tā jiāo wǒmen Zhōngwén.

3. 请你帮助我，好吗?   Qǐng nǐ bāngzhù wǒ, hǎo ma?
   ——好啊。什么事?   Hǎo a. Shénme shìr?

4. 你要什么?   Nǐ yào shénme?
   ——我要这个。   Wǒ yào zhèige.
   哪个?   Něige?
   ——这个，这个。   Zhèige, zhèige.

🍀 転換練習・解答

1. 她教你什么？ Tā jiāo nǐ shénme?
2. 她教我中文。 Tā jiāo wǒ Zhōngwén.
3. 她教谁中文？ Tā jiāo shéi Zhōngwén?
4. 她教我中文。 Tā jiāo wǒ Zhōngwén.
5. 谁教你中文？ Shéi jiāo nǐ Zhōngwén?
6. 她教我中文。 Tā jiāo wǒ Zhōngwén.

🍀 応用会話・日本語訳

1. あなたの住所を教えてもらえませんか？
 ——いいですよ。…これが私の住所です。
 あなたの電話番号は何番ですか？
 ——私の電話番号は＿＿＿＿＿＿＿＿＿＿です。

2. 彼（彼女）は誰ですか？
 ——彼（彼女）は私たちの先生です。
 彼（彼女）はあなたたちに何を教えているのですか？
 ——彼（彼女）は私たちに中国語を教えています。

3. 私を手助けしてもらえませんか？
 ——いいですよ、何の用事ですか？

4. 何がお入り用ですか？
 ——これを下さい。
 どれですか？
 ——これです、これです。（中国では品物がショーウインドに入っていて店員さんに指さして取ってもらうことが多い）

練習問題

1 { }内の単語を全部使って正しい文を作り、ピンインに直し、日本語訳して下さい。

a) { 我，地址，好，告诉，你，吗，的 } _____
_____

b) { 多少，你，号码，是，的，电话 } _____
_____

c) { 日文，我，你，请，好，教，吗 } _____
_____

d) { 吧，互相，我们，帮助 } _____
_____

2 次の表の空欄を埋めて下さい。

	近称	遠称	疑問称
这	_____	_____ nà	
这个 zhèige／_____	_____ _____／_____	_____ něige／_____	

3 0から9までの数をピンインで書いて下さい。

0_____ 1_____ 2_____ 3_____ 4_____
5_____ 6_____ 7_____ 8_____ 9_____

4 日文中訳［漢字とピンインで答えて下さい］

a) あなたの住所を教えてもらえますか？_____
_____

b）あなたの電話番号は何番ですか？＿＿＿＿＿＿＿＿＿＿＿＿＿＿＿＿
＿＿＿＿＿＿＿＿＿＿＿＿＿＿＿＿＿＿＿＿＿＿＿＿＿＿＿＿＿＿＿＿＿

c）いいですか？いいですよ。＿＿＿＿＿＿＿＿＿＿＿＿＿＿＿＿＿＿
＿＿＿＿＿＿＿＿＿＿＿＿＿＿＿＿＿＿＿＿＿＿＿＿＿＿＿＿＿＿＿＿＿

d）どうですか？だめです。＿＿＿＿＿＿＿＿＿＿＿＿＿＿＿＿＿＿＿
＿＿＿＿＿＿＿＿＿＿＿＿＿＿＿＿＿＿＿＿＿＿＿＿＿＿＿＿＿＿＿＿＿

5 つぎの会話を漢字に直し、日本語に訳して下さい。

A: Gàosu wǒ nǐ de diànhuà hàomǎ, hǎo ma?＿＿＿＿＿＿＿＿＿＿＿＿
＿＿＿＿＿＿＿＿＿＿＿＿＿＿＿＿＿＿＿＿＿＿＿＿＿＿＿＿＿＿＿＿＿

B: Hǎo a. Líng liù líng, qī bā jiǔ, sì wǔ èr yī. Nǐ ne? Nǐ de diànhuà hàomǎ shì duōshǎo?＿＿＿＿＿＿＿＿＿＿＿＿＿＿＿＿＿＿＿＿
＿＿＿＿＿＿＿＿＿＿＿＿＿＿＿＿＿＿＿＿＿＿＿＿＿＿＿＿＿＿＿＿＿
＿＿＿＿＿＿＿＿＿＿＿＿＿＿＿＿＿＿＿＿＿＿＿＿＿＿＿＿＿＿＿＿＿

A: Wǒ de diànhuà hàomǎ shì líng bā líng, sān jiǔ yī, sì èr liù wǔ.＿
＿＿＿＿＿＿＿＿＿＿＿＿＿＿＿＿＿＿＿＿＿＿＿＿＿＿＿＿＿＿＿＿＿
＿＿＿＿＿＿＿＿＿＿＿＿＿＿＿＿＿＿＿＿＿＿＿＿＿＿＿＿＿＿＿＿＿

LY 狼羊对话 lángyáng duìhuà　　CD 1-42

狼：告诉我你的电话号码，好吗？
　　Gàosu wǒ nǐ de diànhuà hàomǎ, hǎo ma?

羊：不行，我不告诉你。
　　Bù xíng, wǒ bú gàosu nǐ.

狼：電話番号を教えてくれないか？
羊：だめです、あなたには教えません。

第十课 Dì shí kè ▶复习 Fùxí

生词 shēngcí　　　　　　　　　　　　　　　　CD 1-43

学生［名］xuésheng　学生、ちなみに発音は xuésheng のように後ろは軽声です。"留学生" liúxuéshēng "大学生" dàxuéshēng は三音節語で、中国語では大半の三音節語は一番最後が強く発音されるのでもとの声調の一声で発音しますが、二音節語は最後を軽く発音する語が多く、この場合もそのため軽声になります。　今年［名］jīnnián　今年

CD 1-44

我　姓　山川，　叫　山川　静。　我　是
Wǒ　xìng　Shānchuān,　jiào　Shānchuān　Jìng.　Wǒ　shì

文学系　的　学生。　我　的　专业　是　日本
wénxuéxì　de　xuésheng.　Wǒ　de　zhuānyè　shì　Rìběn

文学。　今年　一　年级。　我　认识　一　个
wénxué.　Jīnnián　yī　niánjí.　Wǒ　rènshi　yí　ge

中国　留学生。　她　叫　李　惠。　她　是
Zhōngguó　liúxuéshēng.　Tā　jiào　Lǐ　Huì.　Tā　shì

法律系　的　学生。　她　也　是　一　年级。
fǎlǜxì　de　xuésheng.　Tā　yě　shì　yī　niánjí.

以后　我　教　她　日文，　她　教　我　中文，我们
Yǐhòu　wǒ　jiāo　tā　Rìwén,　tā　jiāo　wǒ　Zhōngwén, wǒmen

互相　帮助。　我　认识　她，　很　高兴。
hùxiāng　bāngzhù.　Wǒ　rènshi　tā,　hěn　gāoxìng.

●本文訳●

私は山川という苗字で、山川静といいます。
私は文学部の学生です。
私の専門は日本文学です。
今年一年生です。
私は一人の留学生と面識があります（直訳：～を識っています）。
彼女は李恵といいます。
彼女は法学部の学生です。
彼女も一年生です。
今後私が彼女に日本語を教え、彼女が私に中国語を教え、私たちは助け合います。
私は彼女と識りあってうれしく思います。

● 语法小结 ●   CD 1-45

A　基本構文

1　述語の品詞別タイプ

中国語の文を述語の品詞により分類すると次のようになります：

動詞述語文：

$\underline{S(主語)+V(動詞)+O(目的語)}$

我	是	日本人。	私は日本人です。
她	叫	李惠。	彼女は李惠といいます。
我们	喝	乌龙茶。	私たちはウーロン茶を飲みます。

その他、二重目的語をとる動詞は：

$\underline{S\quad V\quad O\quad O}$

她　教　我　中文。　彼女は私に中国語を教える。

のようになり、自動詞の例はまだ出てきていませんが、$\underline{S\ V}$ となります。

形容詞述語文：$\underline{S(主語)+Adj(形容詞)}$

你的中文　　很好。　あなたの中国語は上手です。

形容詞は英語とは異なり、"是"を入れず、そのままで述語となります。

名詞述語文：$\underline{S(主語)+N(名詞)}$

我　　　一年级。

　実際には名詞が全て述語になれるわけではなく、数詞を含む表現と出身を表わすごく少数の語のみが単独で述語になることができ、しかも副詞がついたり、"吗"がつくとやはり"是"が必要です。

　この他、まだ出てきていませんが「主述述語文」というのがあり、述語の性質で中国語の文を分類すると全部で4種類のタイプがあることになります。

2　定語（連体修飾語）の位置：名詞の前

　名詞を修飾する成分（国文法の用語で言う「連体修飾語」）のことを中国語文法では「定語」と呼びます。定語は全て前から名詞に係り、この点は日本語と同じです：

$\underline{定語\ +\ 名詞}$

中国	人	中国人
我的	专业	私の専門
好	名字	いい名前

3　状語（連用修飾語）の位置：動詞・形容詞の前

　動詞・形容詞を修飾する成分（国文法の用語で言う「連用修飾語」）のことを中国語文法では「状語」と呼びます。状語は全て前から動詞・形容詞に係り、この点も日本語と同じです：

状語 ＋ 動詞／形容詞		
不	是	〜ではない（"不"は中国語では副詞）
很	好	とても良い
这么	写	このように書く
互相	帮助	互いに助ける

4　中国語の文の一般形

　以上の1・2・3の事項をまとめると次のようになります：

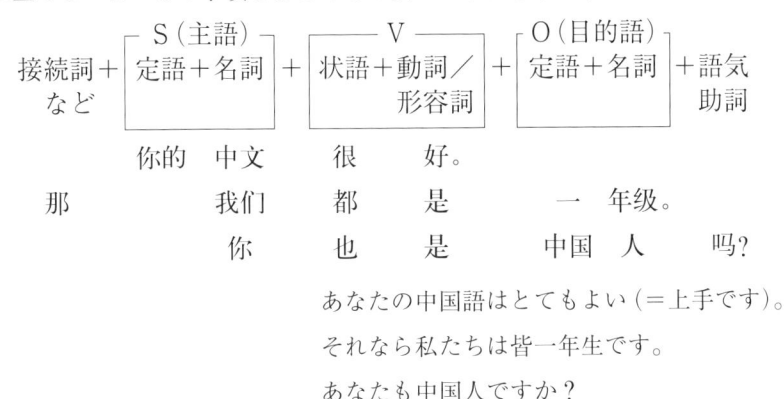

接続詞＋[S（主語）：定語＋名詞]＋[V：状語＋動詞／形容詞]＋[O（目的語）：定語＋名詞]＋語気助詞など

	S		V	O		
	你的	中文	很	好。		
那	我们		都是	一	年级。	
	你		也是	中国	人	吗？

　　　　　　あなたの中国語はとてもよい（＝上手です）。

　　　　　　それなら私たちは皆一年生です。

　　　　　　あなたも中国人ですか？

　つまり、中国語の構文の根幹はＳＶＯで、それは「名詞＋動詞＋名詞」だとも言えるわけですが、名詞には主語の位置でも目的語の位置でも「定語」が係ることができ、動詞の前には「状語」が係ることができます（ＳＶＯＯの場合は二つの目的語とも「定語」が係ることが可能であり、自動詞と形容詞が述語の主要成分である場合はもちろんＯがありません）。この根幹部の前後、文頭には接続詞などが来て前の文との接続関係を表わしたり、文末には「語気助詞」（国文法で言う「終助詞」に相当）が来て疑問や推測や断定や相手に対する働きかけ等々を表わします。

　この他、動詞・形容詞の後に「補語」や「動態助詞」と呼ばれる成分が来ることもありますが、大筋は上の通りです。更に一つの文の中に動詞句が二つ（以上）出てくる形など、もう少し複雑な構文もありますが、この上の図式の延長線上にあるものとして理解できますから、これを中国語の構文の一般形だと考えてかまいません。

もちろん、全ての成分が現れる必要はなく、分かっている成分はどんどん省略される点は日本語と同じで、英語のように常に主語と動詞が要求されるわけではありません。

B　疑問文の種類

　このユニットで中国語の疑問文のほぼ全てのパターンが出揃っています：

1　"吗"疑問文

　　他是学生吗？　　彼は学生ですか？

　平叙文の末尾に"吗"を加えた最も頻用される形。答えは「はい」か「いいえ」で答えることが出来るものです。

2　肯定否定疑問文

　　他是不是学生？　　彼は学生ではありませんか？

　動詞または形容詞の肯定形と否定形を重ねて作る疑問文。ふつう肯定の答を期待して聞くニュアンスがあります（ただし"吗"疑問文とほとんど同じように使うような場合もあります）。副詞がつくとこの形の疑問文は作ることができず"吗"疑問文にします。また、この形の疑問文は南方の諸方言でよく使われ、北京人などにとっては少し南方語的に感じられることもあります。

3　"吧"疑問文

　　他是学生吧？　　彼は学生なんでしょう？

　推測が既にあって、それを確認する場合の疑問文。

4　文末付加型疑問文

　　他是学生，对吗？　　彼は学生なんでしょう？

　平叙文の後に"对吗？""是吗？""对不对？""是不是？""是吧？"などをつけ、自分の考えに対して相手の同意を求める疑問文で、会話ではよく使います。

5　疑問イントネーションによる疑問文

　　他是学生？　　彼が学生ですって？

　この形は軽い驚きを表わします。疑問イントネーションは英語のように文末を急上昇させるのではなく、文末の単語を全体として高めに発音します。

6　選択疑問文

　　他是学生，还是老师？　　彼は学生ですか、それとも先生ですか？

　二つの選択肢の中から一つを選ばせる疑問文です。日本語に影響されて一番目・二番目のフレーズの末尾に"吗"を入れると間違いです。それから、ふつう二番目のフレーズにも同じ動詞を繰り返しますが、動詞が"是"の時に限っては"还是"の中にもう"是"があるので繰り返しません。

7　"呢"疑問文

　　我是学生。你呢？　　私は学生です。あなたは？
　　　　　　　　　　　　　　　　　　（＝あなたは学生ですか？）

　同じ疑問を別の事に関して出す時、その別の事の後に"呢"をつけると、それだけで同じ質問をしたことになります。

8　疑問詞疑問文

　疑問詞疑問文は、文中に疑問詞があるとそれだけで疑問文になり、日本語に影響されて文末に更に"吗"をつけることのないよう注意する必要があります。

a　疑問詞の種類

　これまでの課で出てきた疑問詞は以下の通りです：
　　ⅰ．谁　だれ：　　　　　　　　　他是谁？　彼は誰ですか？
　　ⅱ．什么　なに：　　　　　　　　你吃什么？
　　　　　　　　　　　　　　　　　あなたは何を食べますか？
　　ⅲ．哪个　どれ：　　　　　　　　你要哪个？
　　　　　　　　　　　　　　　　　あなたはどれが要りますか？
　　ⅳ．怎么　どのように（副詞）：　你的名字怎么写？
　　　　　　　　　　　　　　　　　あなたの名前はどう書くのですか？
　　ⅴ．怎么样　どんな様子か（形容詞）：这个三明治怎么样？
　　　　　　　　　　　　　　　　　このサンドイッチはどんなですか？
　　ⅵ．几　いくつ（十以下）：　　　你几年级？　あなたは何年生ですか？
　　ⅶ．多少　いくつ（十以上）：　　你的电话号码是多少？
　　　　　　　　　　　　　　　　　あなたの電話番号はいくつ（何番）ですか？

　その他、「どこ」「いつ」「なぜ」などの疑問詞は先の課で出てきます。

b 疑問詞の位置

　疑問詞は英語のWhクエスチョンのように一律文頭に置くというようなことはなく、たずねたい成分の位置にそのまま置きます。この点、日本語と全く同じです（［　］で囲んだ部分が質問したい成分）：

主語　　［他］要可乐。彼はコーラが欲しい。→［谁］要可乐? 誰がコーラが欲しいのですか？

目的語　他要［可乐］。彼はコーラが欲しい。→他要［什么］? 彼は何が欲しいのですか？

定語　　我喜欢［中国］文学。私は中国文学が好きだ。→你喜欢［什么］文学? あなたは何文学が好きですか？

定語　　他是［文学］系的。かれは文学部です。→他是［哪个］系的? 彼は何学部ですか？

定語　　我［一］年级。私は一年生です。→你［几］年级? あなたは何年生ですか？

状語　　［这么］写。こう書きます。→［怎么］写? どう書くのですか？

述語　　他的中文［很好］。彼の中国語はうまい。→他的中文［怎么样］? 彼の中国語はどんなですか？

練習問題

1 ｛　｝内の単語を全部使って正しい文を作り、ピンインに直し、日本語訳して下さい。

　　a) ｛ 我，日本人，是 ｝

　　b) ｛ 叫，李，她，惠 ｝

　　c) ｛ 我，中文，教，她 ｝

d) { 很，中文，好，的，你 } _____

　　_____

e) { 你，吗，也，中国，是，人 } _____

　　_____

2 "她喝乌龙茶。"を次の形の疑問文に変え、日本語に訳して下さい。

　　a) "吗" _____
　　b) 肯定否定疑問文 _____
　　c) "吧" _____
　　d) "对吗？" _____
　　e) 疑問イントネーション _____
　　f) 選択疑問文（"可乐"を使って）_____
　　g) "呢"を使って「あなたは？」と聞く _____

3 [ ]の中の言葉をたずねる疑問詞疑問文を作って下さい［漢字とピンインで］。

　　a)［她］吃三明治。_____
　　b) 她叫［李惠］。_____
　　c) 他教［中国］文学。_____
　　d) 李惠是［法律］系的。_____
　　e) 他［三］年级。_____
　　f) 这么［吃］。_____
　　g) 她的名字［很好听］。_____

セルフマスター
話す中国語　入門篇

ユニット 3

第十一课　Dì shíyī kè

生词 shēngcí　　　　　　　　　　　　　　　　　　　　　　CD 2-1

有　［动］yǒu　　ある，いる
兄弟　［名］xiōngdì　　兄弟
姐妹　［名］jiěmèi　　姉妹
没　［副］méi　　～ない（文法欄を参照）
独生女　［名］dúshēngnǚ　　（女の）一人っ子
欸　［叹］éi　　ねえ
家里　［名］jiālǐ　　家，家の中
照片　［名］zhàopiàn　　写真
父亲　［名］fùqin　　父
母亲　［名］mǔqin　　母
个子　［名］gèzi　　背丈
真　［副］zhēn　　本当に

高　［形］gāo　　高い
多大　［代］duōdà　　何歳？
岁　［名］suì　　歳

＊**补充生词**　bǔchōng shēngcí

大学　［形］dàxué　　大学
两　［数］liǎng　　二つ（cf. 文法欄）
第　［头］dì　　第～
岁数　［名］suìshù　　年齢
和　［连］hé　　～と
独生子　［名］dúshēngzǐ　　（男の）一人っ子
秘密　［名］mìmì　　秘密
小　［形］xiǎo　　小さい
朋友　［名］péngyou　　友達

语法 yǔfǎ　　　　　　　　　　　　　　　　　　　　　　　　CD 2-2

1　有

所有を表わすには"有"を使います：

　　我有一个姐姐。Wǒ yǒu yí ge jiějie.　　私には一人の姉がいる。

"有"は"不"ではなく"没"で否定します：

　　我没有兄弟姐妹。Wǒ méi yǒu xiōngdì jiěmèi.　　私には兄弟姉妹がいない。

肯定否定疑問文だから次のようになります：

　　你有没有兄弟姐妹？Nǐ yǒu méi yǒu xiōngdì jiěmèi?
　　あなたには兄弟姉妹がいますか？

2　主述述語文

　　你姐姐　个子　真高啊。　　あなたのお姉さんは背が本当に高いですね。
　　　　　　　小主語　述語
　　大主語　　　述語

このように述語が更に主語と述語からなる構文を「主述述語文」と言います。このような構文は「象は鼻が長い」のように日本語にもあり、小主語は大主語の一部分である場合が多いのです（「背」や「鼻」は人や象の一部分）。これを"你姐姐的个子真高啊。"「あなたのお姉さんの背は本当に高いですね。」と言っても意味はほとんど同じですが、構文的には異なっています。

3　"的"がいらない時

修飾語が人称代詞で被修飾語が親族名称やその人の所属する組織である場合はふつう"的"を省略します：

人称代詞＋親族名称／組織

我	父亲	私の父	wǒ fùqin
他	姐姐	彼のお姉さん	tā jiějie
我们	大学	私たちの大学	wǒmen dàxué

ただし"的"を入れても間違いではありません。（例："我的父亲"etc.）

4　個数の数え方（"二"と"两"）

「2」は「一個、二個」という風に個数を数える時は"两"となります：

| 一个 | 两个 | 三个 | 四个 | 五个… | 「一個、二個、三個、 |
| yí ge | liǎng ge | sān ge | sì ge | wǔ ge | 四個、五個…」 |

それに対して「二番目の」といった順序を表わす場合は"二"となります：

第一　　第二　　第三 …　「一番目、二番目、三番目…」
dìyī　　dì'èr　　dìsān

5　年齢の聞き方

中国語では相手の年齢に応じて主に三つの年齢の聞き方があります。年輩の人には：

您今年多大岁数？　Nín jīnnián duōdà suìshù?
　　今年おいくつになられますか？

と聞き、同輩の人には：

你今年多大？ Nǐ jīnnián duōdà?　今年何歳ですか？

と聞き、十歳以下の子どもには：

你几岁？ Nǐ jǐ suì?　ボク（お嬢ちゃん）いくつ？

と聞きます（"几"は十以下の数を聞く疑問詞）。

课文 kèwén

家族構成や年齢を聞きます。

A: 你 有 兄弟 姐妹 吗?
　　Nǐ yǒu xiōngdì jiěmèi ma?

B: 有, 我 有 一 个 姐姐。 你 呢?
　　Yǒu, wǒ yǒu yí ge jiějie. Nǐ ne?

A: 没 有。 我 是 独生女。 欸, 你 有
　　Méi yǒu. Wǒ shì dúshēngnǚ. Éi, nǐ yǒu

　　家里 人 的 照片 吗?
　　jiālǐ rén de zhàopiàn ma?

B: 有 啊。 你 看, 这 是 我 父亲, 这
　　Yǒu a. Nǐ kàn, zhè shì wǒ fùqin, zhè

　　是 我 母亲, 这 是 我 姐姐, 还 有 我。
　　shì wǒ mǔqin, zhè shì wǒ jiějie, hái yǒu wǒ.

A: 你 姐姐 个子 真 高 啊。 她 今年
　　Nǐ jiějie gèzi zhēn gāo a. Tā jīnnián

　　多大?
　　duōdà?

B: 她 今年 二十二 岁。
　　Tā jīnnián èrshi'èr suì.

🌸 本文・直訳

A：あなたには兄弟姉妹はいますか？

B：はい（中国語では「はい」とだけ短く答える時は、疑問文で使われた動詞をそのまま単独で言うことが多い）、私には姉が一人います。あなたは？

A：いません。私は一人っ子です（ただし女の言い方）。ねえ、あなたは家の人の写真を持っていますか？

B：持っていますよ。ほら、これが私の父で、これが私の母で、これが私の姉で、それから私です。（"还有"は直訳すると「更に～がある（いる）」ですが、よくこれ全体で接続詞のようになって「それに」という意味で使われます。）

A：あなたのお姉さんは背が本当に高いですね。彼女は今年何歳ですか？

B：彼女は今年22歳です。

🌸 本文・自然な訳

A：兄弟はいるの？

B：ええ。姉が一人いるわ。あなたは？

A：いないの。一人っ子なの。ねえ、家族の写真持ってる？

B：あるわよ。ほら、父と母と姉と私。

A：お姉さんはほんとに背が高いわね。今年何歳？

B：22歳よ。

■■ 替换练习 tìhuàn liànxí　　CD 2-4

> 我有姐姐。Wǒ yǒu jiějie.

1. （问）有没有？ yǒu méi yǒu?
2. （答）
3. （问）哥哥？ gēge?
4. （答）
5. （问）兄弟姐妹？ xiōngdì jiěmèi?
6. （答）

■■ 应用会话 yìngyòng huìhuà　　CD 2-5

1. 你有兄弟姐妹吗？　　　　　Nǐ yǒu xiōngdì jiěmèi ma?
   ——有，我有一个哥哥和一个弟弟。你呢？
   　　　　Yǒu, wǒ yǒu yí ge gēge hé yí ge dìdi. Nǐ ne?
   我是独生子。　　　　　　　Wǒ shì dúshēngzǐ.

2. 你今年多大？　　　　　　　Nǐ jīnnián duōdà?
   ——我今年十九岁。你呢？　　Wǒ jīnnián shíjiǔ suì. Nǐ ne?
   我十八岁。　　　　　　　　Wǒ shíbā suì.

3. 你今年多大？　　　　　　　Nǐ jīnnián duōdà?
   ——这是秘密。　　　　　　Zhè shì mìmì.

4. 你今年多大？　　　　　　　Nǐ jīnnián duōdà?
   ——我今年＿＿＿岁。你呢？　Wǒ jīnnián ＿＿＿ suì. Nǐ ne?
   我＿＿＿岁。　　　　　　　Wǒ ＿＿＿ suì.

5. 你父亲今年多大岁数？　　　Nǐ fùqin jīnnián duōdà suìshù?
   ——他今年＿＿＿岁。　　　Tā jīnnián ＿＿＿ suì.
   你母亲呢？　　　　　　　　Nǐ mǔqin ne?
   ——她＿＿＿岁。　　　　　Tā ＿＿＿ suì.

6. 小朋友，你几岁？　　　　　Xiǎo péngyou, nǐ jǐ suì?
   ——我七岁。　　　　　　　Wǒ qī suì.

🍀 転換練習・解答

1. 你有没有姐姐？　　　Nǐ yǒu méi yǒu jiějie?
2. 我有姐姐。　　　　　Wǒ yǒu jiějie.
3. 你有哥哥吗？　　　　Nǐ yǒu gēge ma?
4. 我没有哥哥。　　　　Wǒ méi yǒu gēge.
5. 你有兄弟姐妹吗？　　Nǐ yǒu xiōngdì jiěmèi ma?
6. 有，我有一个姐姐。　Yǒu, wǒ yǒu yí ge jiějie.

🍀 応用会話・日本語訳

1. あなたは兄弟がいますか？
   ——います。兄と弟がいます（兄弟が何人いるかも同時に言う方が自然なので"一个"が入っている。上の「転換練習」の6も同様）。あなたは？
   私は一人っ子です（男の場合）。

2. あなたは今年いくつですか？
   ——私は今年19歳です。あなたは？
   私は18歳です。

3. あなたは今年いくつですか？
   ——それは秘密です。

4. あなたは今年いくつですか？
   ——私は今年＿＿＿＿歳です。あなたは？
   私は＿＿＿＿歳です。

5. あなたのお父さんは今年おいくつになられますか？
   ——彼は今年＿＿＿＿歳です。
   お母さんは？
   ——彼女は＿＿＿＿歳です。

6. ボク（お嬢ちゃん、中国では子どもに対して「小さな友達」と呼びかける）いくつ？
   ——七歳です。

練 習 問 題

1 { }内の単語を全部使って正しい文を作り、ピンインに直し、日本語訳して下さい。

a) { 有，吗，姐妹，你，兄弟 } _____

b) { 姐姐，高，啊，你，真，个子 } _____

c) { 人，你，吗，有，照片，家里，的 } _____

d) { 二十二，今年，岁，她 } _____

2 日文中訳 [漢字とピンインで答えて下さい]

a) 私には弟はいません。 _____

b) 私の母は先生です。 _____

c) 彼女には二人のお姉さんがいます。 _____

d) あなたは本当に背が高いですね。 _____

e) あなたは今年何歳ですか? _____

3 次の場面でどう言いますか？［漢字とピンインで答えて下さい］

a）年長者に年を聞く時 _____
   _____

b）子供に年を聞く時 _____
   _____

c）ねぇ、と呼びかける時 _____
   _____

4 つぎの会話を漢字に直し、日本語に訳して下さい。

A: Nǐ yǒu xiōngdì jiěmèi ma? _____
   _____

B: Yǒu, wǒ yǒu liǎng ge gēge. Éi, nǐ yǒu jiějie ba? _____
   _____

A: Méi yǒu a. Wǒ shì dúshēngzǐ. _____
   _____

B: Shì ma? _____

LY 狼羊对话 lángyáng duìhuà　　CD 2-6

狼: 你有兄弟姐妹吗？
　　Nǐ yǒu xiōngdì jiěmèi ma?

羊: 这是秘密。
　　Zhè shì mìmì.

狼：兄弟はいるの？
羊：それは秘密よ。

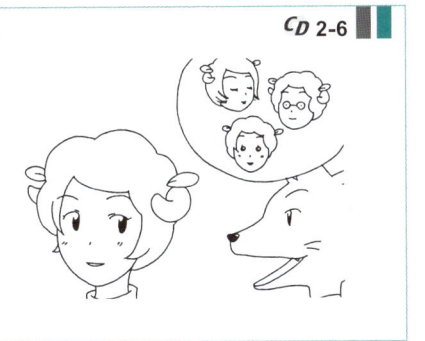

第十二课　Dì shí'èr kè

生词 shēngcí　　　　　　　　　　　　　　　　　CD 2-7

老家　[名] lǎojiā　実家，郷里
在　[动／介] zài　～にある（いる），～で
哪儿　[代] nǎr　どこ
西安　[名] Xī'ān　西安
父母　[名] fùmǔ　両親
北京　[名] Běijīng　北京
上　[动] shàng　（大学に）通う
做　[动] zuò　する

工作　[名／动] gōngzuò　仕事，仕事をする
公司　[名] gōngsī　会社
职员　[名] zhíyuán　職員
商店　[名] shāngdiàn　商店

*补充生词　bǔchōng shēngcí

东京　[名] Dōngjīng　東京
打工　[动] dǎgōng　アルバイトする

■语法 yǔfǎ　　　　　　　　　　　　　　　　　CD 2-8

1　動詞"在"

所在を表わすには"在"を使い、語順は次の通りです：

存在者／物　＋　在　＋　場所

　我的老家　　　在　　西安。　　Wǒ de lǎojiā zài Xī'ān.
　　　　　　　　　　　　　　　　私の実家は西安にあります。

　我父母　　　　在　　西安。　　Wǒ fùmǔ zài Xī'ān.
　　　　　　　　　　　　　　　　私の父母は西安にいます。

　他们　　　　　不在　北京。　　Tāmem bú zài Běijīng.
　　　　　　　　　　　　　　　　彼らは北京にはいません。

この場合、日本語の「いる／ある」のような区別（生物／非生物）はありません。また否定は"不"でします。

2　前置詞"在"

"在"は「～で」という意味の前置詞（中国語での用語は"介词"）としても使われます。その場合、前置詞句は動詞句の前に置くのが原則です：

主語＋［在＋場所］＋動詞句

她	在	北京	上大学。	Tā zài Běijīng shàng dàxué.
				彼女は北京で大学に行っています。
他	在	北京	工作。	Tā zài Běijīng gōngzuò.
				彼は北京で働いています。
你	在	哪儿	工作？	Nǐ zài nǎr gōngzuò?
				「あなたはどこ(地名)で働いていますか？」または「あなたはどこ(勤務先)に勤めていますか？」

3　場所を表す指示詞

ここ	そこ、あそこ	どこ
这儿 zhèr	那儿 nàr	哪儿 nǎr
这里 zhèli	那里 nàli	哪里 nǎli

"～儿"がつく系列と"～里"がつく系列がありますが、意味・用法は大差なく、ほぼ同じように使われます。ただし、"哪里"は後ろの"里"が弱くはあるものの3声ですので、「3声＋3声→2声＋3声」の規則で"哪"が2声に変化する点に注意して下さい。

课文 kèwén

郷里や仕事の尋ね方

A: 你 的 老家 在 哪儿?
   Nǐ de lǎojiā zài nǎr?

B: 在 西安。 我 父母 都 在 那儿。
   Zài Xī'ān. Wǒ fùmǔ dōu zài nàr.

A: 那 你 姐姐 呢?
   Nà nǐ jiějie ne?

B: 她 在 北京 上 大学。
   Tā zài Běijīng shàng dàxué.

A: 你 父亲 做 什么 工作?
   Nǐ fùqin zuò shénme gōngzuò?

B: 他 是 公司 职员。
   Tā shì gōngsī zhíyuán.

A: 你 母亲 也 工作 吗?
   Nǐ mǔqin yě gōngzuò ma?

B: 对, 她 在 商店 工作。
   Duì, tā zài shāngdiàn gōngzuò.

🌿 本文・直訳

A：あなたの実家はどこにあるのですか？
B：西安にあります。私の両親はともにそこにいます。
A：ではあなたのお姉さんは？
B：彼女は北京で大学に行っています。
A：あなたのお父さんはどんな仕事をしていらっしゃるのですか？
B：彼は会社員です。
A：あなたのお母さんも働いていらっしゃるのですか？
B：はい、彼女は店で働いています。

🌿 本文・自然な訳

A：お国はどこ？
B：西安よ。両親ともそこにいるの。
A：じゃあお姉さんは？
B：北京で大学に行っているわ。
A：お父さんはどんなお仕事？
B：サラリーマンよ。
A：お母さんもお勤め？
B：ええ、お店で働いているわ。

■■ 替换练习 tìhuàn liànxí　　　　　　　　　　　　CD 2-10

| 她的老家在西安。Tā de lǎojiā zài Xī'ān. |

1. (问) 吗? ma?
2. (答)
3. (问) 北京吗? Běijīng ma?
4. (答)
5. (问) 哪儿? nǎr?
6. (答)

■■ 应用会话 yìngyòng huìhuà　　　　　　　　　　CD 2-11

1. 你的老家在哪儿?　　　　　　Nǐ de lǎojiā zài nǎr?
 ——我的老家在北京。你呢?　Wǒ de lǎojiā zài Běijīng. Nǐ ne?
 我的老家在西安。　　　　　　Wǒ de lǎojiā zài Xī'ān.

2. 你的老家在哪儿?　　　　　　Nǐ de lǎojiā zài nǎr?
 ——我的老家在_____。你呢?
 　　Wǒ de lǎojiā zài _____ . Nǐ ne?
 我的老家在_____。　　　　Wǒ de lǎojiā zài _____ .

3. 你在哪儿上大学?　　　　　　Nǐ zài nǎr shàng dàxué?
 ——我在_____上大学。　　Wǒ zài _____ shàng dàxué.

4. 你父亲在哪儿工作?　　　　　Nǐ fùqin zài nǎr gōngzuò?
 ——他在_____工作。　　　Tā zài _____ gōngzuò.

5. 你在哪儿打工?　　　　　　　Nǐ zài nǎr dǎgōng?
 ——我在_____打工。　　　Wǒ zài _____ dǎgōng.
 ——我不打工。　　　　　　　Wǒ bù dǎgōng.

🍀 転換練習・解答

1. 她的老家在西安吗？　Tā de lǎojiā zài Xī'ān ma?
2. 她的老家在西安。　　Tā de lǎojiā zài Xī'ān.
3. 她的老家在北京吗？　Tā de lǎojiā zài Běijīng ma?
4. 她的老家不在北京。　Tā de lǎojiā bú zài Běijīng.
5. 她的老家在哪儿？　　Tā de lǎojiā zài nǎr?
6. 她的老家在西安。　　Tā de lǎojiā zài Xī'ān.

🍀 応用会話・日本語訳

1. あなたの実家はどこにありますか？
   ——私の実家は北京にあります。あなたは？
   私の実家は西安にあります。

2. あなたの実家はどこにありますか？
   ——私の実家は＿＿＿＿にあります。あなたは？

   私の実家は＿＿＿＿にあります。

3. あなたはどこ（場所）の大学に通っているのですか？
   ——私は＿＿＿＿の大学に通っています。

4. あなたのお父さんはどこで働いていますか？
   ——彼は＿＿＿＿で働いています。

5. あなたはどこでアルバイトをしていますか？
   ——私は＿＿＿＿でアルバイトをしています。
   ——私はアルバイトをしていません。

練習問題

1 〔 〕内の単語を全部使って正しい文を作り、ピンインに直し、日本語訳して下さい。

a) 〔 在，的，哪儿，老家，你 〕_____

b) 〔 上，北京，她，大学，在 〕_____

c) 〔 做，工作，父亲，什么，你 〕_____

d) 〔 她，工作，商店，在 〕_____

2 次の表の空欄を埋めて下さい。

近称		遠称		疑問称	
这儿	____	____	____	____	____
____	____	____	nàli	哪里	____

3 日文中訳〔漢字とピンインで答えて下さい〕

a) 私は東京で大学に通っている。_____

b) 私の父はサラリーマンです。_____

c) 李恵さんの実家は西安にあります。_____

d) 私の母はお店で働いています。 _____

_____

4 つぎの会話を漢字に直し、日本語に訳して下さい。

A: Nǐ zài nǎr dǎgōng? _____

_____

B: Wǒ zài shāngdiàn dǎgōng. _____

_____

A: Nàge shāngdiàn zài nǎr? _____

_____

B: Zài Dōngjīng. Wǒ fùqin yě zài nàr gōngzuò.

_____

_____

LY 狼羊对话 lángyáng duìhuà　　　CD 2-12

狼：你的老家在哪儿？
　　Nǐ de lǎojiā zài nǎr?

羊：我的老家在日本。
　　Wǒ de lǎojiā zài Rìběn.

狼：きみの実家はどこなんだい？
羊：日本よ。

第十三课 Dì shísān kè

生词 shēngcí　　　　　　　　　　　CD 2-13

口 ［量］ kǒu　～人、家族の構成要員を数える「量詞」（文法参照）

条 ［量］ tiáo　～本、細長い物を数える量詞、ここでは犬を数える量詞

狗 ［名］ gǒu　犬

动物 ［名］ dòngwù　動物

对了 ［组］ duì le　そうだ！思いだした時の決まり文句。相手の言うことを肯定する"对"とは全然ちがう用法。

金鱼 ［名］ jīnyú　金魚

有意思 ［组］ yǒu yìsi　面白い。"意思"は「意味」という意味だが、"有意思""没（有）意思"で「面白い」「つまらない」という慣用表現。

现在 ［名］ xiànzài　いま

以前 ［名］ yǐqián　以前

＊**补充生词**　bǔchōng shēngcí

房间 ［名］ fángjiān　部屋

里 ［尾］ lǐ　～の中（［尾］とは「語尾」のこと）

只 ［量］ zhī　～匹

猫 ［名］ māo　ねこ

多 ［形］ duō　多い

■■ **语法** yǔfǎ　　　　　　　　　　　CD 2-14

1　存在を表す"有"

"有"は人を表わす言葉が主語になると所有を表しますが、場所を表わす言葉が主語になって存在を表す用法もあります：

　　場所　＋　"有"　＋存在者／物

我家里　　　有　　　一条狗。　　Wǒ jiā lǐ yǒu yì tiáo gǒu.

　　　　　　　　　　　　　　　私の家には一匹の犬がいる。

我的房间里　有　　　金鱼。　　　Wǒ de fángjiān lǐ yǒu jīnyú.

　　　　　　　　　　　　　　　私の部屋には金魚がいる。

这儿　没　有　　　　人。　　　　Zhèr méi yǒu rén.

　　　　　　　　　　　　　　　ここには人がいない。

その場合、実際に存在する人／物は目的語の位置に来ます。前の課で出た動詞の"在"も存在を表わしますが、語順がちょうど逆になることに注意しましょう。

2 量詞

　日本語だと「一匹の犬」の「匹」とか「二本の鉛筆」の「本」のようにそれぞれの名詞につきそれを数える際の助数詞が決まっています。中国語でもそれと同様で、「量詞」というものがそれぞれの名詞について決まっていて、それで名詞を数えます。また、中国語ではふつう指示詞は直接名詞に係らず、間に量詞を入れることになっています（この点日本語と異なるので注意！）：

<u>数詞＋量詞＋名詞</u>　　　　　　　<u>指示詞＋量詞＋名詞</u>
　一　　个　　人　yí ge rén　　　这　　个　　人　zhèige rén
　　　　一人の人　　　　　　　　　　　　この人
　两　　条　　狗　liǎng tiáo gǒu　那　　条　　狗　nèitiáo gǒu
　　　　二匹の犬　　　　　　　　　　　　あの犬

<u>指示詞＋数詞＋量詞＋名詞</u>
　这　　三　　个　　人　zhè sān ge rén　この三人の人

　どの名詞がどの量詞をとるかは形状によって決まる場合もありますが、基本的には一つ一つ覚えていくよりしかたありません。（常用の量詞は16課を参照。）

课文 kèwén

家族構成やペットのことを聞きます。

B: 你 家 里 有 三 口 人, 对 吗?
Nǐ jiā lǐ yǒu sān kǒu rén, duì ma?

A: 我 家 里 还 有 一 条 狗。
Wǒ jiā lǐ hái yǒu yì tiáo gǒu.

B: 哦, 你 家 里 还 有 狗。
Ò, nǐ jiā lǐ hái yǒu gǒu.

A: 你 家 里 有 小 动物 吗?
Nǐ jiā lǐ yǒu xiǎo dòngwù ma?

B: 没 有。 对 了, 我 家 里 有 金鱼。
Méi yǒu. Duì le, wǒ jiā lǐ yǒu jīnyú.

A: 啊, 金鱼 有 意思。
À, jīnyú yǒu yìsi.

B: 你 家 里 也 有 金鱼 吗?
Nǐ jiā lǐ yě yǒu jīnyú ma?

A: 现在 没 有。 以前 有。
Xiànzài méi yǒu. Yǐqián yǒu.

🍀 本文・直訳

B：あなたの家には三人の人がいます、そうですね？→あなたの家は三人家族でしょう？
A：私の家には更に一匹の犬がいます。
B：へえー、あなたの家には犬もいるのですか。
A：あなたの家には小動物（ペット）はいますか？
B：いません。そういえば、私の家には金魚がいます。
A：ああ、金魚は面白いですね。
B：あなたの家にも金魚がいるのですか？
A：今はいません。以前はいました。

🍀 本文・自然な訳

B：お宅は三人家族なんですよね。
A：うちには犬も一匹いるわ。
B：あら、犬もいるの。
A：お宅にはペットはいるの？
B：いないわ。そうそう、金魚がいるわ。
A：ああ、金魚は可愛いわよね。
B：お宅にも金魚がいるの？
A：今はいないわ。前はいたけど。

替换练习 tìhuàn liànxí   CD 2-16

> 这儿有狗。Zhèr yǒu gǒu.

1. （问）_____吗？ ma?
2. （答）
3. （问）_____金鱼吗？ jīnyú ma?
4. （答）
5. （问）_____什么？ shénme?
6. （答）

应用会话 yìngyòng huìhuà   CD 2-17

1. 你家有几口人？　　　　　Nǐ jiā yǒu jǐ kǒu rén?
   ——我家有五口人。　　　Wǒ jiā yǒu wǔ kǒu rén.
   都有谁？　　　　　　　　Dōu yǒu shéi?
   ——有父亲、母亲、两个姐姐和我。
   　　Yǒu fùqin、mǔqin、liǎng ge jiějie hé wǒ.

2. 你家里有小动物吗？　　　Nǐ jiā lǐ yǒu xiǎo dòngwù ma?
   ——有，我家里有一只猫。Yǒu, wǒ jiā lǐ yǒu yì zhī māo.
   啊，猫有意思，我也喜欢猫。À, māo yǒu yìsi, wǒ yě xǐhuan māo.

3. 你的房间里有电话吗？　　Nǐ de fángjiān lǐ yǒu diànhuà ma?
   ——（没）有，我的房间里（没）有电话。
   　　(Méi) yǒu, wǒ de fángjiān lǐ (méi) yǒu diànuà.

4. 你们大学有留学生吗？　　Nǐmen dàxué yǒu liúxuéshēng ma?
   ——有，我们大学有很多留学生。
   　　Yǒu, wǒmen dàxué yǒu hěn duō liúxuéshēng.
   有中国留学生吗？　　　　Yǒu Zhōngguó liúxuéshēng ma?
   ——有，我认识几个中国留学生。
   　　Yǒu, wǒ rènshi jǐ ge Zhōngguó liúxuéshēng.

🍀 転換練習・解答

1. 这儿有狗吗？　　Zhèr yǒu gǒu ma?
2. 这儿有狗。　　　Zhèr yǒu gǒu.
3. 这儿有金鱼吗？　Zhèr yǒu jīnyú ma?
4. 这儿没有金鱼。　Zhèr méi yǒu jīnyú.
5. 这儿有什么？　　Zhèr yǒu shénme?
6. 这儿有狗。　　　Zhèr yǒu gǒu.

🍀 応用会話・日本語訳

1. お宅は何人家族ですか？
   うちは五人家族です。
   ——誰がいますか？（"都"が入ると「みんなで誰々がいますか」（直訳）ということになり、家族の構成要員をすべて列挙することを求めていることになる）
   ——父と母と姉が二人と私です。

2. お宅にはペットがいますか？
   ——います、うちには猫が一匹います。
   ああ、猫は面白いですよね。私も猫が好きです。

3. あなたの部屋には電話がありますか？
   ——あります（せん）。私の部屋には電話があります（せん）。

4. あなた方の大学には留学生がいますか？
   ——います。私たちの大学にはたくさん留学生がいます。

   中国人留学生はいますか？
   ——ええ、私は何人かの中国人留学生と知り合いです。

■ 練 習 問 題 ■

1 〔 〕内の単語を全部使って正しい文を作り、ピンインに直し、日本語訳して下さい。

　　a) ｛家里, 三, 人, 口, 你, 吗, 有, 对｝_____

　　b) ｛我, 一条, 还, 家里, 狗, 有｝_____

　　c) ｛你, 小, 动物, 吗, 家里, 有｝_____

　　d) ｛意思, 有, 金鱼｝_____

2 次の文を否定形に変えて下さい［漢字とピンインで］。

　　a) 这儿有人。_____

　　b) 法律有意思。_____

　　c) 我家里有狗。_____

　　d) 她的房间里有电话。_____

3 日文中訳［漢字とピンインで答えて下さい］

　　a) 私の家には金魚はいません。_____

b) あなたの家にはペットはいますか？_____
_____

c) 私の家には犬が一匹います。_____
_____

d) あなたの部屋には電話がありますか？_____
_____

e) そういえば、彼の家には猫が一匹います。_____
_____

4 つぎの会話を漢字に直し、日本語に訳して下さい。

A: Nǐ jiā yǒu jǐ kǒu rén?_____

B: Wǒ jiā yǒu sì kǒu rén._____

A: Dōu yǒu shéi?_____

B: Yǒu fùqin、mǔqin、yí ge dìdi hé wǒ._____
_____

A: Nǐ méi yǒu jiějie ma?_____

B: Méi yǒu._____

LY 狼羊对话 lángyáng duìhuà　　CD 2-18

狼：这儿有人吗？
　　Zhèr yǒu rén ma?

羊：这儿没有人。
　　Zhèr méi yǒu rén.

狼：ここには誰かいますか？
羊：誰もいないわよ！

第十四课　Dì shísì kè

生词 shēngcí　　　　　　　　　　　　　　　　　　CD 2-19

哪一年　[组]　nǎ yì nián　　何年？　　　女　[形]　nǚ　　女の
生　　　[动]　shēng　　生まれる　　　　孩子　[名]　háizi　　子供
生日　　[名]　shēngrì　　誕生日　　　　节日　[名]　jiérì　　節句，祝日
月　　　[名]　yuè　　～月　　　　　　　知道　[动]　zhīdào　　知っている
号　　　[名]　hào　　～日　　　　　　　血型　[名]　xuěxíng　　血液型

■■ **语法** yǔfǎ　　　　　　　　　　　　　　　　　　CD 2-20

1　年月日の言い方

西暦は日本語のように「千九百九十八」のようには発音せず、粒読みにします：

　　一　九　九　八　年　　五　月　　一　号　（日）
　　yī　jiǔ　jiǔ　bā　nián　wǔ　yuè　yī　hào　 (rì)

「～日」は口語では"号"と言い、書き言葉では"日"と書きますが、テレビのアナウンサーなどが言う時などの改まった場面では"日"と読むこともあります。なお２月、２日は２番目の月・日という意味ですから"两"は使わず"二"を使います。

年の聞き方：哪一年？　nǎ yì nián?　　何年？
　　　　　　一九九几年？　yī jiǔ jiǔ jǐ nián?　　199何年？
月日の聞き方：几月几号？　jǐ yuè jǐ hào?　　何月何日？
　　　　　　什么时候？　shénme shíhou?　　いつ？
　　　　　　　これは年月日に限らず時刻で答えることもありうる最も広い用法の時間に関する疑問詞です。

去年	qùnián (去年)	今年	jīnnián (今年)	明年	míngnián (来年)
上(个)月	shàng (ge) yuè (先月)	这个月	zhèige yuè (今月)	下(个)月	xià (ge) yuè (来月)
昨天	zuótiān (昨日)	今天	jīntiān (今日)	明天	míngtiān (明日)
每年	měinián (毎年)	每月	měiyuè (毎月)	每天	měitiān (毎日)

2　是～的

述語の部分を"是～的"で包むと「～なのです」という説明調の文になりますが、その場合、よく時間や場所を表わす言葉が入っていて、その時間や場所を強調する働きがあります。

　　我是一九七九年生的。Wǒ shì yī jiǔ qī jiǔ nián shēng de.

　　　私は1979年に生まれたのです。

　　我是在北京生的。Wǒ shì zài Běijīng shēng de.

　　　私は北京で生まれたのです。

课文 kèwén

誕生日や血液型のたずね方と答え方。

A: 李惠，你是哪一年生的？
Lǐ Huì, nǐ shì nǎ yì nián shēng de?

B: 一九七九年。
Yī jiǔ qī jiǔ nián.

A: 你的生日是几月几号？
Nǐ de shēngrì shì jǐ yuè jǐ hào?

B: 三月三号。
Sān yuè sān hào.

A: 啊，在日本，这是女孩子的节日。
À, zài Rìběn, zhè shì nǚ háizi de jiérì.

B: 我知道。
Wǒ zhīdào.

A: 你的血型是什么？
Nǐ de xuěxíng shì shénme?

B: O型。
Ōu xíng.

🌱 **本文・直訳**

A：李恵さん、あなたは何年生まれですか？
B：1979年です。
A：あなたの誕生日は何月何日ですか？
B：3月3日です。
A：ああ、日本ではそれは女の子の節句です。
B：私は知っています。
A：あなたの血液型は何ですか？
B：O型です。

🌱 **本文・自然な訳**

A：李さんは何年生まれ？
B：1979年よ。
A：誕生日は何月何日？
B：3月3日。
A：あら、日本のひなまつりね。
B：そうね。
A：血液型は何型？
B：O型よ。

■■ 替换练习 tìhuàn liànxí　　CD 2-22

> 我的生日是三月三号。Wǒ de shēngrì shì sān yuè sān hào.

1. （问）吗? ma?
2. （答）
3. （问）四月四号吗? sì yuè sì hào ma?
4. （答）
5. （问）几月几号? jǐ yuè jǐ hào?
6. （答）

■■ 应用会话 yìngyòng huìhuà　　CD 2-23

1. 你是哪一年生的?　　Nǐ shì nǎ yì nián shēng de?
   ——我是一九七九年生的。　　Wǒ shì yī jiǔ qī jiǔ nián shēng de.
   那你今年十九岁，对吗?　　Nà nǐ jīnnián shíjiǔ suì, duì ma?
   ——对，我今年十九岁。　　Duì, wǒ jīnnián shíjiǔ suì.

2. 你是哪一年生的?　　Nǐ shì nǎ yì nián shēng de?
   ——我是一九＿＿＿＿年生的。　　Wǒ shì yī jiǔ ＿＿＿＿ nián shēng de.
   那你今年＿＿＿＿岁，对吗?　　Nà nǐ jīnnián ＿＿＿＿ suì, duì ma?
   ——对，我今年＿＿＿＿岁。　　Duì, wǒ jīnnián ＿＿＿＿ suì.

3. 你的生日是几月几号?　　Nǐ de shēngrì shì jǐ yuè jǐ hào?
   ——我的生日是＿＿＿＿月＿＿＿＿号。
   Wǒ de shēngrì shì ＿＿＿＿ yuè ＿＿＿＿ hào.

4. 今年一九九几年?　　Jīnnián yī jiǔ jiǔ jǐ nián?
   ——今年一九九＿＿＿＿年。　　Jīnnián yī jiǔ jiǔ ＿＿＿＿ nián.
   今天几月几号?　　Jīntiān jǐ yuè jǐ hào?
   今天＿＿＿＿月＿＿＿＿号。　　Jīntiān ＿＿＿＿ yuè ＿＿＿＿ hào.

5. 你的血型是什么?　　Nǐ de xuěxíng shì shénme?
   ——我是＿＿＿＿型。你呢?　　Wǒ shì ＿＿＿＿ xíng. Nǐ ne?
   我是＿＿＿＿型。　　Wǒ shì ＿＿＿＿ xíng.

🍀 転換練習・解答

1. 你的生日是三月三号吗？　Nǐ de shēngrì shì sān yuè sān hào ma?
2. 我的生日是三月三号。　　Wǒ de shēngrì shì sān yuè sān hào.
3. 你的生日是四月四号吗？　Nǐ de shēngrì shì sì yuè sì hào ma?
4. 我的生日不是四月四号。　Wǒ de shēngrì bú shi sì yuè sì hào.
5. 你的生日是几月几号？　　Nǐ de shēngrì shì jǐ yuè jǐ hào?
6. 我的生日是三月三号。　　Wǒ de shēngrì shì sān yuè sān hào.

🍀 応用会話・日本語訳

1. あなたは何年生まれですか？
   ——私は1979年生まれです。
   じゃあなたは今年19歳ですね？
   ——はい、私は今年19歳です。

2. あなたは何年生まれですか？
   ——私は19＿＿＿＿年生まれです。
   じゃあなたは今年＿＿＿＿歳ですね？
   ——はい、私は今年＿＿＿＿歳です。

3. あなたの誕生日は何月何日ですか？
   ——私の誕生日は＿＿＿月＿＿＿日です。

4. 今年は199何年ですか？
   ——今年は199＿＿＿年です。
   今日は何月何日ですか？
   ——今日は＿＿＿月＿＿＿日です。

5. あなたの血液型は何型ですか？
   ——私は＿＿＿型です。あなたは？
   私は＿＿＿型です。

■■ 練 習 問 題 ■■

1 〔 〕内の単語を全部使って正しい文を作り、ピンインに直し、日本語訳して下さい。

a)｛哪，生，一，你，的，是，年｝ _____

b)｛生日，几，是，月，几，的，号，你｝ _____

c)｛节日，在，是，孩子，这，日本，的，女｝ _____

d)｛什么，血型，你，是，的｝ _____

2 次の文を"是～的"を使って中国語に訳して下さい［漢字とピンインで］。

a) あなたはどこで生まれたのですか？ _____

b) 私は東京生まれです。 _____

c) あなたはいつ生まれたのですか？ _____

d) 私は1978年に生まれました。 _____

3 日文中訳［漢字とピンインで答えて下さい］

a) 私の誕生日は3月3日です。＿＿＿＿＿＿＿＿＿＿＿＿＿＿＿＿
＿＿＿＿＿＿＿＿＿＿＿＿＿＿＿＿＿＿＿＿＿＿＿＿＿＿＿＿＿＿

b) 私の血液型はA型です。＿＿＿＿＿＿＿＿＿＿＿＿＿＿＿＿＿
＿＿＿＿＿＿＿＿＿＿＿＿＿＿＿＿＿＿＿＿＿＿＿＿＿＿＿＿＿＿

c) 日本では5月5日は何の祭日ですか？＿＿＿＿＿＿＿＿＿＿＿
＿＿＿＿＿＿＿＿＿＿＿＿＿＿＿＿＿＿＿＿＿＿＿＿＿＿＿＿＿＿

4 つぎの会話を漢字に直し、日本語に訳して下さい。

A: Nǐ de shēngrì shì jǐ yuè jǐ hào?＿＿＿＿＿＿＿＿＿＿＿＿＿

B: Wǒ de shēngrì shì shí'èr yuè èrshiwǔ hào.＿＿＿＿＿＿＿＿
＿＿＿＿＿＿＿＿＿＿＿＿＿＿＿＿＿＿＿＿＿＿＿＿＿＿＿＿＿＿

A: À, nà shì shèngdànjié.＿＿＿＿＿＿＿＿＿＿＿＿＿＿＿＿＿

B: Duì. Nǐ ne?＿＿＿＿＿＿＿＿＿＿＿＿＿＿＿＿＿＿＿＿＿＿

A: Wǒ de shēngrì shì sān yuè bā hào.＿＿＿＿＿＿＿＿＿＿＿

B: Zài Zhōngguó, zhè shì fùnǚjié.＿＿＿＿＿＿＿＿＿＿＿＿＿
　　※　shèngdànjié 圣诞节＝クリスマス；　fùnǚjié 妇女节＝婦人デー

LY 狼羊对话 lángyáng duìhuà　　　CD 2-24

狼：你的生日是几月几号?
　　Nǐ de shēngrì shì jǐ yuè jǐ hào?

羊：我的生日是二月三十号。
　　Wǒ de shēngrì shì èr yuè sānshí hào.

狼：誕生日は何月何日なんだい？
羊：2月30日よ。

第十五课 Dì shíwǔ kè

生词 shēngcí

课 [名] kè 授業
星期 [名] xīngqī 週，～曜日
课外 [名] kèwài 課外
活动 [名] huódòng 活動
俱乐部 [名] jùlèbù クラブ
网球 [名] wǎngqiú テニス

对 [介] duì ～に対して
兴趣 [名] xìngqù 興味

*补充生词 bǔchōng shēngcí
参加 [动] cānjiā 参加する
研究会 [名] yánjiūhuì 研究会

语法 yǔfǎ

1 曜日の言い方

星期一、二、三、四、五、六、天（日）、几
xīngqīyī、èr、sān、sì、wǔ、liù、tiān (rì)、 jǐ
（月、火、水、木、金、土、日、　何曜日）

上（个）星期　　这（个）星期　　下（个）星期
shàng (ge) xīngqī　zhèi (ge) xīngqī　xià (ge) xīngqī
（先週）　　　　（今週）　　　　（来週）

上星期一　shàng xīngqīyī　（先週の月曜日）

下星期五　xià xīngqīwǔ　（来週の金曜日）

2　否定疑問文への答え方

否定疑問文に対する答え方は日本語と同じです（英語のようなことはありません）：

你星期三没有课吗？　Nǐ xīngqīsān méi yǒu kè ma?

あなたは水曜日は授業がないのですか？

——对，我星期三没有课。Duì, wǒ xīngqīsān méi yǒu kè.

はい、私は水曜は授業がありません。

——不，我星期三有课。Bù, wǒ xīngqīsān yǒu kè.

いいえ、私は水曜は授業があります。

你不是学生吗？　Nǐ bú shi xuésheng ma?

あなたは学生ではありませんか？

——对，我不是学生。Duì, wǒ bú shi xuésheng.

はい、私は学生ではありません。

——不，我是学生。Bù, wǒ shì xuésheng.

いいえ、私は学生です。

课文 kèwén

曜日の言い方とサークル活動について。

B: 你 明天 有 课 吗?
   Nǐ míngtiān yǒu kè ma?

A: 有。 我 星期一、二、四、五 有 课。
   Yǒu. Wǒ xīngqīyī、èr、sì、wǔ yǒu kè.

B: 星期三 和 星期六 没 课 吗?
   Xīngqīsān hé xīngqīliù méi kè ma?

A: 没 有。 那 两 天 有 课外 活动。
   Méi yǒu. Nà liǎng tiān yǒu kèwài huódòng.

B: 你 是 什么 俱乐部 的?
   Nǐ shì shénme jùlèbù de?

A: 我 是 网球 俱乐部 的。
   Wǒ shì wǎngqiú jùlèbù de.

B: 啊, 你 对 网球 有 兴趣?
   À, nǐ duì wǎngqiú yǒu xìngqù?

A: 对, 网球 很 有 意思。
   Duì, wǎngqiú hěn yǒu yìsi.

🍀 本文・直訳

B：あなたは明日授業がありますか？
A：あります。私は月、火、木、金に授業があります。
B：水曜と土曜は授業がないのですか？
A：ありません。その二日は課外活動があります。
B：あなたは何クラブ（の人）なのですか？
A：私はテニスクラブ（の者）です。
B：あら、あなたはテニスに興味があるのですか？
A：はい、テニスは面白いですよ。

🍀 本文・自然な訳

B：明日は授業があるの？
A：ええ、私は月、火、木、金に授業があるの。
B：水曜と土曜は授業がないの？
A：そう。その二日は課外活動があるの。
B：何部に入っているの？
A：テニス部に入っているの。
B：あら、テニスに興味があったの？
A：ええ、テニスは面白いわよ。

■■ 替换练习 tìhuàn liànxí　　　　　　　　　　　　　　CD 2-28

> 我星期一有课。Wǒ xīngqīyī yǒu kè.

1. （问）吗？ma?
2. （答）
3. （问）星期三？xīngqīsān?
4. （答）
5. （问）星期几？xīngqījǐ?
6. （答）

■■ 应用会话 yìngyòng huìhuà　　　　　　　　　　　　　CD 2-29

1. 今天星期几？　　　　　　　　　Jīntiān xīngqījǐ?
   ——今天星期_____。　　　　　Jīntiān xīngqī _____.
   明天呢？　　　　　　　　　　　Míngtiān ne?
   ——明天星期_____。　　　　　Míngtiān xīngqī _____.
   昨天呢？　　　　　　　　　　　Zuótiān ne?
   ——昨天星期_____。　　　　　Zuótiān xīngqī _____.

2. 你星期几有课？　　　　　　　　Nǐ xīngqījǐ yǒu kè?
   ——我星期一、二、三、四、五有课。
   　　　Wǒ xīngqīyī、èr、sān、sì、wǔ yǒu kè.
   那星期六和星期天没课，对吗？
   　　　Nà xīngqīliù hé xīngqītiān méi kè, duì ma?
   ——对。　　　　　　　　　　　Duì.

3. 你参加课外活动吗？　　　　　　Nǐ cānjiā kèwài huódòng ma?
   ——对。　　　　　　　　　　　Duì.
   你是什么俱乐部的？　　　　　　Nǐ shì shénme jùlèbù de?
   ——我是中国研究会的。　　　　Wǒ shì Zhōngguó yánjiūhuì de.
   啊，你对中国有兴趣？　　　　　À, nǐ duì Zhōngguó yǒu xìngqù?
   ——对，我对中国有兴趣。　　　Duì, wǒ duì Zhōngguó yǒu xìngqù.

🍀 **転換練習・解答**

1. 你星期一有课吗？　Nǐ xīngqīyī yǒu kè ma?
2. 我星期一有课。　　Wǒ xīngqīyī yǒu kè.
3. 你星期三有课吗？　Nǐ xīngqīsān yǒu kè ma?
4. 我星期三没有课。　Wǒ xīngqīsān méi yǒu kè.
5. 你星期几有课？　　Nǐ xīngqījǐ yǒu kè?
6. 我星期一有课。　　Wǒ xīngqīyī yǒu kè.

🍀 **応用会話・日本語訳**

1. 今日は何曜日ですか？
   ——今日は＿＿＿＿曜日です。
   明日は？
   ——明日は＿＿＿＿曜日です。
   昨日は？
   ——昨日は＿＿＿＿曜日でした。

2. あなたは何曜日に授業がありますか？
   ——私は月、火、水、木、金に授業があります。

   それじゃあ土曜と日曜は授業はないんですね。

   ——はい。

3. あなたは課外活動に参加していますか？（＝部活をしていますか？）
   ——はい。
   あなたは何部ですか？
   ——私は中国研究会（の者）です。
   ほう、あなたは中国に関心があるのですか？
   ——はい、私は中国に関心があります。

■ 練 習 問 題 ■

1 { }内の単語を全部使って正しい文を作り、ピンインに直し、日本語訳して下さい。

a) { 我，五，有，二，一，星期，课，四 } _____
_____

b) { 星期，没，三，星期，吗，和，六，课 } _____
_____

c) { 什么，你，的，俱乐部，是 } _____
_____

d) { 兴趣，啊，有，对，你，网球 } _____
_____

2 曜日の言い方［漢字とピンインで答えて下さい］

a) 火曜 _____ e) 先週 _____

b) 木曜 _____ f) 来週 _____

c) 日曜 _____ g) 先週の金曜 _____

d) 今週 _____ h) 来週の水曜 _____

3 日文中訳［漢字とピンインで答えて下さい］

a) あなたは何曜日に授業がありますか？ _____
_____

b) あなたは何曜日に課外活動がありますか？ _____
_____

c）私は土曜日に課外活動があります。＿＿＿＿＿＿＿＿＿＿
＿＿＿＿＿＿＿＿＿＿＿＿＿＿＿＿＿＿＿＿＿＿＿＿

d）あなたは何に興味がありますか？＿＿＿＿＿＿＿＿＿＿
＿＿＿＿＿＿＿＿＿＿＿＿＿＿＿＿＿＿＿＿＿＿＿＿

4 つぎの会話を漢字に直し、日本語に訳して下さい。

A: Nǐ cānjiā kèwài huódòng ma?＿＿＿＿＿＿＿＿＿＿
＿＿＿＿＿＿＿＿＿＿＿＿＿＿＿＿＿＿＿＿＿＿＿＿

B: Duì.＿＿＿＿＿＿＿＿＿＿＿＿＿＿＿＿＿＿＿＿＿

A: Nǐ shì shénme jùlèbù de?＿＿＿＿＿＿＿＿＿＿＿＿

B: Wǒ shì wǎngqiú jùlèbù de.＿＿＿＿＿＿＿＿＿＿＿
＿＿＿＿＿＿＿＿＿＿＿＿＿＿＿＿＿＿＿＿＿＿＿＿

A: Nǐ xīngqījǐ dǎ wǎngqiú?＿＿＿＿＿＿＿＿＿＿＿＿
＿＿＿＿＿＿＿＿＿＿＿＿＿＿＿＿＿＿＿＿＿＿＿＿

B: Wǒ xīngqīliù dǎ wǎngqiú.＿＿＿＿＿＿＿＿＿＿＿
＿＿＿＿＿＿＿＿＿＿＿＿＿＿＿＿＿＿＿＿＿＿＿＿

LY 狼羊对话 lángyáng duìhuà　　CD 2-30

狼：你星期几没课？
　　Nǐ xīngqījǐ méi kè?

羊：我每天都有课。
　　Wǒ měitiān dōu yǒu kè.

狼：キミは何曜日に授業がないの？
羊：毎日授業があるわ。

第十六课 Dì shíliù kè ▶复习 Fùxí

CD 2-31

我 的 中国 朋友 李 惠 家 有 四 口 人。
Wǒ de Zhōngguó péngyou Lǐ Huì jiā yǒu sì kǒu rén.

她 父亲 是 公司 职员。
Tā fùqin shì gōngsī zhíyuán.

她 母亲 也 工作, 在 商店 工作。
Tā mǔqin yě gōngzuò, zài shāngdiàn gōngzuò.

她 姐姐 今年 二十二 岁, 在 北京 上 大学。
Tā jiějie jīnnián èrshi'èr suì, zài Běijīng shàng dàxué.

她 的 老家 在 西安。
Tā de lǎojiā zài Xī'ān.

她 父母 在 那儿。
Tā fùmǔ zài nàr.

她 家 里 有 金鱼。
Tā jiā lǐ yǒu jīnyú.

李 惠 是 一九七九年 生 的。
Lǐ Huì shì yī jiǔ qī jiǔ nián shēng de.

她 的 生日 是 三 月 三 号, 日本 女 孩子 的 节日。
Tā de shēngrì shì sān yuè sān hào, Rìběn nǚ háizi de jiérì.

她 的 血型 是 O 型。
Tā de xuěxíng shì Ōu xíng.

●本文訳●

私の中国人の友達の李恵さんの家は四人家族です。
彼女のお父さんはサラリーマンです。
彼女のお母さんも働いていて、お店で働いています。
彼女のお姉さんは今年22歳で、北京で大学に行っています。
彼女の実家は西安にあります。
彼女の両親はそこにいます。
彼女の家には金魚がいます。
李恵さんは1979年生まれです。
彼女の誕生日は3月3日、日本のひなまつりの日です。
彼女の血液型はO型です。

● 语法小结 ●

A "有"と"在"

"有"と"在"はどちらも日本語に訳すと「ある（いる）」となりますが、ここで両者の用法の違いをまとめておきましょう。

1 存在を表わす用法

存在を表わす用法が両者の最も典型的な用法ですが、まず語順が全く逆となります。

場所 ‖ "有"＋存在者／物		
这儿	有	一个人。

Zhèr yǒu yí ge rén.
ここに一人の人がいる。

我家里	有	一条狗。

Wǒ jiālǐ yǒu yì tiáo gǒu.
私の家には一匹の犬がいる。

存在者／物 ‖ "在"＋場所		
她	在	这儿。

Tā zài zhèr.
彼女はここにいる。

她父母	在	西安。

Tā fùmǔ zài Xī'ān.
彼女の両親は西安にいる。

日本語だと「ここに一人の人がいる」と言っても「一人の人がここにいる」と言っても大差ありませんが、中国語では、"有"と"在"を使った文の主語と目的語を置き換えることはできません：

＊一个人在这儿。

＊这儿有她。

はいずれも文として成立しません。何故かというと、中国語では、主語には既知のものが来て、述語には未知のものが来る、という大原則があり、主語の位置に来ることができるのはふつう既知のものでなければならず、"一个人"（ある人）という未知のものがいきなり主語の位置に来ると唐突だからです。

この「主語‖述語」が「既知‖未知」という関係にあることは別の表現で言うと「古い情報‖新しい情報」という関係だということになり、一つの文はまず相手が知っていることに関して「話題」を出し、それに対して「コメント」を加えるものであり、話し手が最も伝達したい情報の核は述語の方にあるのだ、ということになります。

以上のことから、中国語で"有"と"在"の二つの表現が存在する理由が明らかになります。つまり、どちらの文型も述語の方に一番言いたいことがあり、

"有"は「何があるか」

"在"は「どこにあるか」

を言いたい時に使うのです（下の図式を参照）。

```
              主語    ‖   述語
主語は特定のもの←既知      未知
              古い情報   新しい情報→その文の伝達したい
                                   情報の核
```

2　所有を表わす"有"

"有"は主語が人を表わす言葉である時は所有を表わします：

S（人）＋"有"＋O

我	有	电话。	Wǒ yǒu diànhuà.	私は電話を持っている。
她	有	姐姐。	Tā yǒu jiějie.	彼女には姉がいる。

3　"有"の否定形："没（有）"

また、"有"を否定する時は"没"を付けて"没有"とします：

我没有兄弟姐妹。Wǒ méi yǒu xiōngdì jiěmèi.

　私には兄弟姉妹がいない。

你有没有兄弟姐妹？ Nǐ yǒu méi yǒu xiōngdì jiěmèi?

　あなたには兄弟姉妹がいますか？

4　"在"の前置詞としての用法

"在"には前置詞として「～で」という意味を表わす用法もあります：

S＋"在"＋場所＋VP

她	在	北京	上大学。	Tā zài Běijīng shàng dàxué.
				彼女は北京で大学に行っている。
她	不在	西安	上大学。	Tā bú zài Xī'ān shàng dàxué.
				彼女は西安で大学に行ってるわけではない。

この場合、否定詞"不"は動詞（ここでは"上"）の前ではなく"在"の前に付けることに注意（下の例文）。

B　場所と時間を表す言葉の文中での位置

　ある動作が行なわれる場所や時間を表す言葉は普通主語と動詞の間に置かれますが、主語の前、つまり文頭に置くこともできます。この場合、「どこどこに就いて言えば」とか「いついつに就いて言えば」というように、場所や時間を他とコントラストして言っているニュアンスがあります：

※	S	※	V	＋O	
	她	在商店		工作。	彼女は店で働いている。 Tā zài shāngdiàn gōngzuò.
在日本，	这		是	女孩子 的节日。	Zài Rìběn, zhè shì nǚ háizi de jiérì. 日本では（言外の意：よそでは違う）それは女の子の祝日です。
	我	明天	有	课。	Wǒ míngtiān yǒu kè. 私は明日授業がある。
明天	我		有	课。	Míngtiān wǒ yǒu kè. 明日は（言外の意：別の日は違う）私は授業があります。

C　量詞

　中国語には日本語の「助数詞」に相当する「量詞」があり、数詞と名詞の間に入れる（これは日本語と同じ）だけでなく、指示詞と名詞の間にも入れる必要があります：

数詞＋量詞＋名詞				指示詞＋量詞＋名詞			
一	个	人	yí ge rén 一人の人	这	个	人	zhèige rén この人
两	条	狗	liǎng tiáo gǒu 二匹の犬	那	条	狗	nèi tiáo gǒu あの犬

この場合、量詞を省略することは普通はできません。

　どんな名詞にどんな量詞を使うかは形状に応じてある程度の傾向がありますが、基本的には一つ一つの名詞ごとに覚える必要があります。といっても、固有の量詞があるのは日常よく使う具体的な品物であることが多く、抽象的な事物は大半は"个"で数え、固有の量詞がある名詞でも、その量詞を覚えていない場合"个"で代用してなんとかしのぐこともできます。

♣常用の量詞

		説明	名詞
个	ge	最も常用のもの	人 rén，公司 gōngsī，秘密 mìmì
位	wèi	尊敬する人	老师 lǎoshī，客人 kèren
口	kǒu	家族	人 rén
本	běn	冊子状のもの	书 shū，词典 cídiǎn
块	kuài	かたまり	肉 ròu，蛋糕 dàngāo
张	zhāng	平らなもの	纸 zhǐ，照片 zhàopiàn
枝	zhī	棒状のもの	铅笔 qiānbǐ
条	tiáo	細長いもの	鱼 yú，狗 gǒu，河 hé
所	suǒ	建物	房子 fángzi，学校 xuéxiào
辆	liàng	車両	汽车 qìchē，自行车 zìxíngchē
双	shuāng	ペアのもの	筷子 kuàizi，鞋 xié
杯	bēi	コップ	茶 chá，酒 jiǔ
碗	wǎn	お碗	饭 fàn，汤 tāng
瓶	píng	ビン	啤酒 píjiǔ，可乐 kělè

練習問題

1 { }内の単語を全部使って正しい文を作り、ピンインに直し、日本語訳して下さい。

a) { 四, 有, 家, 李, 口, 惠, 人 } _____

b) { 在, 老家, 西安, 的, 她 } _____

c) { 家里, 金鱼, 有, 她 } _____

d) { 姐姐, 大学, 北京, 上, 在, 她 } _____

d) { 兄弟, 有, 我, 姐妹, 没 } _____

2 [ ]内に適当な量詞を入れ、ピンインに直して下さい。

a) 一 [ ] 人 _____
b) 两 [ ] 狗 _____
c) 三 [ ] 星期 _____
d) 四 [ ] 猫 _____
e) 这 [ ] 月 _____
f) 那 [ ] 老师 _____

3 日文中訳［漢字とピンインで答えて下さい］

a) 彼女のお母さんはお店で働いています。＿＿＿＿＿＿＿＿＿＿＿
＿＿＿＿＿＿＿＿＿＿＿＿＿＿＿＿＿＿＿＿＿＿＿＿＿＿＿＿＿

b) 私は明日授業があります。＿＿＿＿＿＿＿＿＿＿＿＿＿＿＿＿
＿＿＿＿＿＿＿＿＿＿＿＿＿＿＿＿＿＿＿＿＿＿＿＿＿＿＿＿＿

c) 明日は私は授業がありません。＿＿＿＿＿＿＿＿＿＿＿＿＿＿
＿＿＿＿＿＿＿＿＿＿＿＿＿＿＿＿＿＿＿＿＿＿＿＿＿＿＿＿＿

d) 日本では3月3日は女の子の祭です。＿＿＿＿＿＿＿＿＿＿＿
＿＿＿＿＿＿＿＿＿＿＿＿＿＿＿＿＿＿＿＿＿＿＿＿＿＿＿＿＿

4 つぎのピンインを漢字に直し、日本語に訳して下さい。

Shānchuān Jìng shì yī jiǔ qī jiǔ nián shēng de.
＿＿＿＿＿＿＿＿＿＿＿＿＿＿＿＿＿＿＿＿＿＿＿＿＿＿＿＿＿
＿＿＿＿＿＿＿＿＿＿＿＿＿＿＿＿＿＿＿＿＿＿＿＿＿＿＿＿＿

Tā de shēngrì shì wǔ yuè shí bā hào.
＿＿＿＿＿＿＿＿＿＿＿＿＿＿＿＿＿＿＿＿＿＿＿＿＿＿＿＿＿
＿＿＿＿＿＿＿＿＿＿＿＿＿＿＿＿＿＿＿＿＿＿＿＿＿＿＿＿＿

Tā de xuěxíng shì A xíng.
＿＿＿＿＿＿＿＿＿＿＿＿＿＿＿＿＿＿＿＿＿＿＿＿＿＿＿＿＿
＿＿＿＿＿＿＿＿＿＿＿＿＿＿＿＿＿＿＿＿＿＿＿＿＿＿＿＿＿

セルフマスター
話す中国語　入門篇

ユニット 4

第十七课　Dì shíqī kè

生词 shēngcí　　　　　　　　　　　　　　　CD 2-34

节［量］jié　〜時限（授業時間）
上午［名］shàngwǔ　午前
下午［名］xiàwǔ　午後
中午［名］zhōngwǔ　お昼時
点［量］diǎn　〜時
下［动］xià　（授業が）終わる
后［名］hòu　〜の後で
一起［副］yìqǐ　一緒に
饭［名］fàn　ご飯
钟［名］zhōng　鐘
半［名］bàn　半

见面［动］jiànmiàn　会う
就［副］jiù　すぐに
这样［代］zhèyàng　このように
一会儿［名］yíhuìr　短い間

＊补充生词　bǔchōng shēngcí

分［量］fēn　分
刻［量］kè　十五分
差［动］chà　差がある
从［介］cóng　〜から
到［介］dào　〜まで

■ 语法 yǔfǎ　　　　　　　　　　　　　　　CD 2-35

1　時刻の言い方

　時刻を表わすには"一"から"十二"に"点（钟）"を付けます。"钟"というのは鐘のことで、中国ではむかし街の真ん中に「鐘楼」（または「鼓楼」）があって鐘や太鼓を鳴らして時を告げました（今でも建物だけなら北京や西安のような古都にはまだあります）。"点"というのはそれを一回突く動作を言ったもので、語源からすると時刻というのは一回（二回…）鐘を突いた分、という意味合いですから、「二時」という場合は"二"ではなく"两"の方を使います。ただし、「一時」という場合は"一"は声調変化をせず、"一点"は yī diǎn となります。"点"の後に分単位の端数がない場合はよく後ろに"钟"を付けますが、その語源はもうお分かりのように鐘です。分は"分"と言います。10分以下の場合、"零"を間にはさむこともあります。また、11分以上の場合は"分"を省略して言うこともよくあります。"三十分"を普通"半"と言うことは日本語と同じですが、その他に英語のように15分、45分には特別の言い方があり、"一刻""三刻"とも言います。何分前という言い方は"差〜分〜点"（直訳：〜時に〜分差がある）となり、語順に気をつけて下さい：

2:00	两点（钟）	liǎng diǎn (zhōng)
2:05	两点（零）五分	liǎng diǎn (líng) wǔ fēn
2:15	两点一刻	liǎng diǎn yí kè
	两点十五（分）	liǎng diǎn shíwǔ (fēn)
2:30	两点半	liǎng diǎn bàn
	两点三十（分）	liǎng diǎn sānshí (fēn)
2:45	两点四十五（分）	liǎng diǎn sìshiwǔ (fēn)
	两点三刻	liǎng diǎn sān kè
2:55	两点五十五（分）	liǎng diǎn wǔshiwǔ (fēn)
	差五分三点	chà wǔ fēn sān diǎn

時間の聞き方は次の通りです：

现在几点（钟)? Xiànzài jǐ diǎn (zhōng)？ いま何時ですか？

■■ 课文 kèwén

時刻の言い方と待ち合わせの約束のしかた。

A: 你 今天 有 几 节 课?
　　Nǐ jīntiān yǒu jǐ jié kè?

B: 有 三 节 课：上午 一 节，下午 两 节。
　　Yǒu sān jié kè : shàngwǔ yì jié, xiàwǔ liǎng jié.

A: 中午 几 点 下 课?
　　Zhōngwǔ jǐ diǎn xià kè?

B: 十二 点 二十五。
　　Shí'èr diǎn èrshiwǔ.

A: 下 课 后，我们 一起 吃 饭，怎么样?
　　Xià kè hòu, wǒmen yìqǐ chī fàn, zěnmeyàng?

B: 好 啊，几 点 钟 见面?
　　Hǎo a, jǐ diǎn zhōng jiànmiàn?

A: 十二 点 半 在 这儿，好 吗?
　　Shí'èr diǎn bàn zài zhèr, hǎo ma?

B: 好，就 这样。 一会儿 见!
　　Hǎo, jiù zhèyàng. Yíhuìr jiàn!

🍀 本文・直訳

A：あなたは今日授業が何時限ありますか？

B：三時限あります。午前が一時限で午後が二時限です。
("："という記号はここでは「すなわち」という意味で使われています。)

A：お昼は何時に授業が終わるのですか？

B：十二時二十五分です。

A：授業が終わったら私たち一緒にご飯を食べましょう、どうですか？

B：いいですよ。何時に会いましょうか？

A：十二時半にここでいいですか？

B：いいです、ではそうしましょう。("就"はある前提を承けて「それならば〜」という意味。"就这样"は「じゃあそうしましょう」という時に会話で非常によく使う表現。)後で会いましょう。("一会儿"は短い時間を表わすが、"一会儿见"はすぐ後でまた会う時の挨拶。)

🍀 本文・自然な訳

B：今日は何時間あるの？

A：三時間よ。午前一時間で、午後二時間。

B：お昼は何時に授業が終わるの？

A：12時25分よ。

B：授業の後で一緒にご飯を食べない？

A：いいわよ。何時に待ち合わせる？

B：12時半にここでどう？

A：いいわ、そうしましょう。じゃあ後でね。

■ **替换练习** tìhuàn liànxí　　　　　　　　　　　　　　CD 2-37

> 现在一点半。Xiànzài yī diǎn bàn.

1. （问）吗？ ma?
2. （答）
3. （问）一点二十吗？ yī diǎn èrshí ma?
4. （答）
5. （问）几点？ jǐ diǎn?
6. （答）

■ **应用会话** yìngyòng huìhuà　　　　　　　　　　　　　CD 2-38

1. 你今天有几节课？ Nǐ jīntiān yǒu jǐ jié kè?
   ——有三节课：上午一节，下午两节。
   　　　Yǒu sān jié kè : shàngwǔ yì jié, xiàwǔ liǎng jié.
   有什么课？　　　　　　　Yǒu shénme kè?
   ——中文、法律和文学。　Zhōngwén、fǎlǜ hé wénxué.

2. 现在几点（钟）？　　　　Xiànzài jǐ diǎn (zhōng)?
   ——现在_____。　　　Xiànzài _____.

3. 第一节课从几点到几点？ Dì yī jié kè cóng jǐ diǎn dào jǐ diǎn?
   ——从九点二十到十点五十。Cóng jiǔ diǎn èrshí dào shí diǎn wǔshí.
   第二节呢？　　　　　　　Dì èr jié ne?
   ——从十一点到十二点半。 Cóng shíyī diǎn dào shí'èr diǎn bàn.

4. 中午我们一起吃饭，怎么样？
   　　　Zhōngwǔ wǒmen yìqǐ chī fàn, zěnmeyàng?
   ——好啊，几点钟见面？　Hǎo a, jǐ diǎn zhōng jiànmiàn?
   _____，好吗？　　　_____, hǎo ma?
   ——好，就这样。一会儿见。Hǎo, jiù zhèyàng. Yíhuìr jiàn.

転換練習・解答

1. 现在是一点半吗?　　Xiànzài shì yī diǎn bàn ma?
2. 现在是一点半。　　Xiànzài shì yī diǎn bàn.
3. 现在是一点二十吗?　　Xiànzài shì yī diǎn èrshí ma?
4. 现在不是一点二十。　　Xiànzài bú shì yī diǎn èrshí.
5. 现在几点钟?　　Xiànzài jǐ diǎn zhōng?
6. 现在一点半。　　Xiànzài yī diǎn bàn.

応用会話・日本語訳

1. あなたは今日何時間ありますか？
   ——三時間あります。午前が一時間で、午後が二時間です。

   何の授業がありますか？
   ——中国語と法学と文学です。

2. いま何時ですか？
   ——今＿＿＿＿＿＿＿です。

3. 一時間目は何時から何時までですか？
   ——九時二十分から十時五十分までです。
   二時間目は？
   ——十一時から十二時半までです。

4. お昼に一緒にご飯を食べませんか？

   ——いいですよ、何時に会いましょうか？
   ＿＿＿＿＿＿＿＿＿＿でいいですか？
   ——ええ、そうしましょう。じゃ又後で。

練習問題

1 { }内の単語を全部使って正しい文を作り、ピンインに直し、日本語訳して下さい。

a) { 下, 几, 中午, 点, 课 } _____

b) { 后, 一起, 怎么样, 饭, 课, 我们, 下, 吃 } _____

c) { 见面, 几, 钟, 点 } _____

d) { 在, 好, 点, 这儿, 十二, 吗, 半 } _____

e) { 不, 我, 中文, 会 } _____

2 次の時刻を漢字とピンインに直して下さい。

a) 1時15分 _____
b) 2時半 _____
c) 3時40分 _____
d) 12時5分 _____
e) 5時5分前 _____

3 日文中訳［漢字とピンインで答えて下さい］

a) 今何時ですか？ _____

b) あなたは今日何時に授業が終わりますか？＿＿＿＿＿＿＿＿
＿＿＿＿＿＿＿＿＿＿＿＿＿＿＿＿＿＿＿＿＿＿＿＿＿＿＿

c) 4時半に授業が終わります。＿＿＿＿＿＿＿＿＿＿＿＿＿
＿＿＿＿＿＿＿＿＿＿＿＿＿＿＿＿＿＿＿＿＿＿＿＿＿＿＿

d) 1時間目は9時20分から10時50分までです。＿＿＿＿＿
＿＿＿＿＿＿＿＿＿＿＿＿＿＿＿＿＿＿＿＿＿＿＿＿＿＿＿

4 つぎの会話を漢字に直し、日本語に訳して下さい。

A: Xià kè hòu, wǒmen yìqǐ hē chá, zěnmeyàng?＿＿＿＿
＿＿＿＿＿＿＿＿＿＿＿＿＿＿＿＿＿＿＿＿＿＿＿＿＿＿＿

B: Hǎo a. Nǐ jǐ diǎn xià kè?＿＿＿＿＿＿＿＿＿＿＿＿＿

A: Liǎng diǎn sìshí, nǐ ne?＿＿＿＿＿＿＿＿＿＿＿＿＿＿

B: Sì diǎn èrshí.＿＿＿＿＿＿＿＿＿＿＿＿＿＿＿＿＿＿

A: Nà wǒmen sì diǎn bàn zài zhèr jiànmiàn, hǎo ma?＿＿
＿＿＿＿＿＿＿＿＿＿＿＿＿＿＿＿＿＿＿＿＿＿＿＿＿＿＿

B: Hǎo, yíhuìr jiàn.＿＿＿＿＿＿＿＿＿＿＿＿＿＿＿＿＿

LY 狼羊对话 lángyáng duìhuà　　CD 2-39

狼：我们十二点半见面，好吗？
Wǒmen shí'èr diǎn bàn jiànmiàn, hǎo ma?

羊：不行，我有课。
Bù xíng, wǒ yǒu kè.

狼：十二時半に会わないか？
羊：だめよ、授業があるから。

第十八课　Dì shíbā kè

生词 shēngcí　　　　　　　　　　　　　　CD 2-40

起床　[动]　qǐchuáng　起床する
左右　[名]　zuǒyòu　～くらい
睡觉　[动]　shuìjiào　眠る
小时　[名]　xiǎoshí　～時間
只　[副]　zhǐ　ただ～だけ
（一）点儿　[量]　(yì) diǎnr　少し
够　[形]　gòu　足りる
咳　[叹]　hài　やれやれ（ため息）
办法　[名]　bànfǎ　方法

忙　[形]　máng　忙しい
*补充生词　bǔchōng shēngcí
天　[量]　tiān　～日
电视　[名]　diànshì　テレビ
学习　[动]　xuéxí　勉強する
多长　[代]　duōcháng　どれくらいの長さ？
时间　[名]　shíjiān　時間

■ 语法 yǔfǎ　　　　　　　　　　　　　　CD 2-41

1　時点と時間量

時間を表わす言葉には「時点」を表わすものと「時間量」を表わすものの二系列があります（例えば英語で言えば o'clock（時点）と hour（時間量）のように：

時点			時間量		
一点	yī diǎn	（一時）	一(个)小时	yí (ge) xiǎoshí	（一時間）
二号	èr hào	（ふつか）	两天	liǎng tiān	（二日間）
星期三	xīngqīsān	（水曜日）	三个星期	sān ge xīngqī	（三週間）
四月	sì yuè	（四月）	四个月	sì ge yuè	（四ヶ月）
九八年	jiǔ bā nián	（1998年）	五年	wǔ nián	（五年間）

動作が行なわれた時点を表わす言葉は既に学んだように普通は主語と動詞の間に置き、コントラストを表わす時には文頭にも置くことができます。またその動作自体がどれくらいの時間量おこなわれたかを表わす言葉は日本語とは違い動詞の後ろに置きます：

時点		時点		時間量	
※	S	※	V	※	O
	我	七点	起		床。
明天	我		没有		课。
	我	每天	睡	七个	小时。

Wǒ qī diǎn qǐchuáng.
私は7時に起床します。

Míngtiān wǒ méi yǒu kè.
明日は私は授業がありません。

Wǒ měitiān shuì qī ge xiǎoshí.
私は毎日7時間眠ります。

2　概数

　おおよその数を表わすにはその数の後ろに"左右"を付けたり（その数を超えている場合も達しない場合も含む）"多"を付けたり（超えている場合のみ）、隣接する数字を重ねます：

七点左右	qī diǎn zuǒyòu	十个人左右	shí ge rén zuǒyòu
	（7時ころ）		（10人前後）
十二点多	shí'èr diǎn duō	十多个人	shí duō ge rén
	（12時すぎ）		（10人あまり）
六七个小时	liù qī ge xiǎoshí	七八个人	qī bā ge rén
	（6—7時間）		（7—8人）

■■ 课文 kèwén

日課をたずねます。

A: 你 每天 几 点 起床?
　　Nǐ měitiān jǐ diǎn qǐchuáng?

B: 七 点 左右。
　　Qī diǎn zuǒyòu.

A: 几 点 睡觉?
　　Jǐ diǎn shuìjiào?

B: 十二 点 多。
　　Shí'èr diǎn duō.

A: 那 你 每天 睡 七 个 小时, 对 吗?
　　Nà nǐ měitiān shuì qī ge xiǎoshí, duì ma?

B: 对, 睡 六 七 个 小时。
　　Duì, shuì liù qī ge xiǎoshí.

A: 只 睡 那么 点儿, 够 不 够?
　　Zhǐ shuì nàme diǎnr, gòu bu gòu?

B: 咳, 没 办法! 我 很 忙。
　　Hài, méi bànfǎ! Wǒ hěn máng.

🍀 本文・直訳

A：あなたは毎日何時に起きますか？

B：7時頃です。

A：何時に寝ますか？

B：12時すぎです。

A：それではあなたは毎日7時間眠っていることになりますね。

B：はい、6—7時間寝ます。

A：それだけしか寝ないで、足りないのではありませんか？（"那么"は「そのような」、"点儿"は「少しの量」、全体で「それっぽっち」の意）

B：まあ、しかたがありません。（"没办法"は直訳すると「方法がない」だが、「しょうがない」の意の決まり文句）私は忙しいのです。

🍀 本文・自然な訳

B：毎日何時に起きるの？

A：7時ころ。

B：何時に寝るの？

A：12時すぎね。

B：じゃあ毎日7時間寝ているわけね。

A：そう、6—7時間寝てるわね。

B：それしか寝ないで足りるの？

A：まあ、しょうがないわ、忙しいんだから。

■■ 替换练习 tìhuàn liànxí　　CD 2-43

> 我每天睡八个小时。Wǒ měitiān shuì bā ge xiǎoshí.

1. （问）吗？ ma?
2. （答）
3. （问）几个小时？ jǐ ge xiǎoshí?
4. （答）

■■ 应用会话 yìngyòng huìhuà　　CD 2-44

1. 你每天几点起床？　　　　　　Nǐ měitiān jǐ diǎn qǐchuáng?
   ——八点多。　　　　　　　　　Bā diǎn duō.
   几点睡觉？　　　　　　　　　　Jǐ diǎn shuìjiào?
   ——十一点左右。　　　　　　　Shíyī diǎn zuǒyòu.

2. 你每天睡几个小时？　　　　　　Nǐ měitiān shuì jǐ ge xiǎoshí?
   ——＿＿＿＿＿＿，你呢？　　　＿＿＿＿＿＿, nǐ ne?
   我每天睡＿＿＿＿＿＿。　　　　Wǒ měitiān shuì ＿＿＿＿＿＿.

3. 你每天看几个小时电视？　　　　Nǐ měitiān kàn jǐ ge xiǎoshí diànshì?
   ——我每天看＿＿＿小时电视。
   　　Wǒ měitiān kàn ＿＿＿＿ xiǎoshí diànshì.
   你学习几个小时？　　　　　　　Nǐ xuéxí jǐ ge xiǎoshí?
   ——我学习＿＿＿小时。　　　　Wǒ xuéxí ＿＿＿＿ xiǎoshí.
   　／我不学习。　　　　　　　　Wǒ bù xuéxí.

4. 从你家到学校要多长时间？
   　　Cóng nǐ jiā dào xuéxiào yào duōcháng shíjiān?
   ——一个半小时左右。你呢？　　Yí ge bàn xiǎoshí zuǒyòu. Nǐ ne?
   两个多小时。　　　　　　　　　Liǎng ge duō xiǎoshí.

🍀 転換練習・解答

1. 你每天睡八个小时吗？　Nǐ měitiān shuì bā ge xiǎoshí ma?
2. 我每天睡八个小时。　　Wǒ měitiān shuì bā ge xiǎoshí.
3. 你每天睡几个小时？　　Nǐ měitiān shuì jǐ ge xiǎoshí?
4. 我每天睡八个小时。　　Wǒ měitiān shuì bā ge xiǎoshí.

🍀 応用会話・日本語訳

1. あなたは毎日何時に起きますか？
   ——8時すぎです。
   何時に寝ますか？
   ——11時頃です。

2. あなたは毎日何時間寝ますか？
   ——＿＿＿＿＿＿，あなたは？
   私は毎日＿＿＿＿＿時間寝ます。

3. あなたは毎日何時間テレビを見ますか？
   ——私は毎日＿＿＿時間テレビを見ます。

   あなたは何時間勉強しますか？
   ——私は＿＿＿時間勉強します。
   　／私は勉強しません。

4. あなたの家から学校までどれくらいの時間かかりますか？

   ——1時間半くらいです。あなたは？
   二時間あまりです。

練 習 問 題

1 { }内の単語を全部使って正しい文を作り、ピンインに直し、日本語訳して下さい。

a) { 起床, 几, 每天, 你, 点 } ＿＿＿＿＿＿＿＿＿＿＿＿
＿＿＿＿＿＿＿＿＿＿＿＿＿＿＿＿＿＿＿＿＿＿＿＿＿

b) { 七, 小时, 睡, 对, 你, 吗, 那, 每天, 个 } ＿＿＿＿
＿＿＿＿＿＿＿＿＿＿＿＿＿＿＿＿＿＿＿＿＿＿＿＿＿

c) { 够, 只, 不, 点儿, 睡, 够, 那么 } ＿＿＿＿＿＿＿
＿＿＿＿＿＿＿＿＿＿＿＿＿＿＿＿＿＿＿＿＿＿＿＿＿

2 次の表を完成させて下さい。

	時点			時間量	
一 ＿＿＿	＿＿＿	diǎn	一(个) ＿＿＿	＿＿＿	
二 ＿＿＿	＿＿＿	hào	＿＿＿ 天	liǎng ＿＿＿	
＿＿＿ 三	xīngqī ＿＿＿		三个 ＿＿＿	＿＿＿ xīngqī	
四 ＿＿＿		yuè	四个 ＿＿＿	＿＿＿ yuè	
九八 ＿＿＿	＿＿＿ nián		五 ＿＿＿	＿＿＿ nián	

3 日文中訳 [漢字とピンインで答えて下さい]

a) 私は毎日8時に起きます。＿＿＿＿＿＿＿＿＿＿＿＿
＿＿＿＿＿＿＿＿＿＿＿＿＿＿＿＿＿＿＿＿＿＿＿＿＿

b) 私は毎日2－3時間テレビを見ます。＿＿＿＿＿＿＿
＿＿＿＿＿＿＿＿＿＿＿＿＿＿＿＿＿＿＿＿＿＿＿＿＿

c) 私は今日1時間ほど勉強します。＿＿＿＿＿＿＿＿＿＿＿＿
＿＿＿＿＿＿＿＿＿＿＿＿＿＿＿＿＿＿＿＿＿＿＿＿＿＿＿＿

d) 私の家から学校まで1時間ほどかかります。＿＿＿＿＿＿
＿＿＿＿＿＿＿＿＿＿＿＿＿＿＿＿＿＿＿＿＿＿＿＿＿＿＿＿

4 つぎの会話を漢字に直し、日本語に訳して下さい。

A: Nǐ měitiān kàn jǐ ge xiǎoshí diànshì?＿＿＿＿＿＿＿＿＿＿
＿＿＿＿＿＿＿＿＿＿＿＿＿＿＿＿＿＿＿＿＿＿＿＿＿＿＿＿

B: Wǒ bú kàn diànshì. Nǐ ne?＿＿＿＿＿＿＿＿＿＿＿＿＿
＿＿＿＿＿＿＿＿＿＿＿＿＿＿＿＿＿＿＿＿＿＿＿＿＿＿＿＿

A: Wǒ kàn liǎng sān ge xiǎoshí.＿＿＿＿＿＿＿＿＿＿＿＿
＿＿＿＿＿＿＿＿＿＿＿＿＿＿＿＿＿＿＿＿＿＿＿＿＿＿＿＿

B: Diànshì yǒu yìsi ma?＿＿＿＿＿＿＿＿＿＿＿＿＿＿＿

A: Hěn yǒu yìsi.＿＿＿＿＿＿＿＿＿＿＿＿＿＿＿＿＿＿

LY 狼羊对话 lángyáng duìhuà　　　CD 2-45

狼：你每天睡几个小时？
　　Nǐ měitiān shuì jǐ ge xiǎoshí?
羊：只睡三个小时。
　　Zhǐ shuì sān ge xiǎoshí.

狼：キミは毎日何時間寝てるんだい？
羊：3時間だけよ。

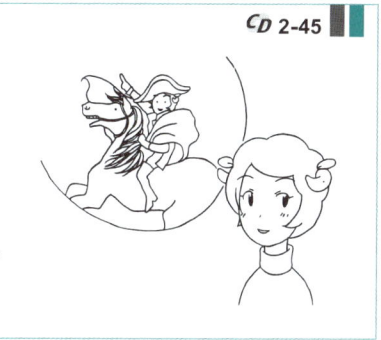

第十九课　Dì shíjiǔ kè

生词 shēngcí　　　　　　　　　　　　　　CD 2-46

晩上 [名] wǎnshàng　夜
咖啡馆 [名] kāfēiguǎn(r)　喫茶店
服务员 [名] fúwùyuán　ウェイトレス，ウェイター
工资 [名] gōngzī　給料
钱 [名] qián　お金
才 [副] cái　やっと
还 [副] hái　まだ，なかなか
可以 [助动] kěyǐ　いける
嘛 [助] ma　～ではないか

＊补充生词　bǔchōng shēngcí

元 [量] yuán　元（中国のお金の単位）
块 [量] kuài　"元"の口語での言い方
角 [量] jiǎo　0.1元
毛 [量] máo　"角"の口語での言い方
分 [量] fēn　0.01元
日元 [量] Rìyuán　日本円
小姐 [名] xiǎojiě　お嬢さん（若い女性への呼びかけに使う）
太～了 [组] tài le　とても～，あまりに～
贵 [形] guì　（値段が）高い
便宜 [形／动] piányi　安い，まける
买 [动] mǎi　買う
一共 [副] yígòng　合計で
给 [动] gěi　あげる
找 [动] zhǎo　おつりをやる，さがす

语法 yǔfǎ　　　　　　　　　　　　　　CD 2-47

1　百以上の数

まず、百いくつ、と言う時は"一"を前につけて"一百～"と言います：

　　100　一百　　yìbǎi

また、桁がとぶ時は間に"零"を入れます：

　　101　一百零一　　yìbǎi líng yī

それから、端数がない時には単位を表わす数詞"万、千、百、十"の最後のものを省略することができます：

　　110　一百一（十）、つまり"一百一十"または"一百一"となります。"一百一"が110を表わすため、101はそれと区別するため"零"が入って"一百零一"となるのです。また、百以上の数に含まれる"十"の前には"一"を入れます（110の例、また下の例）：

111　一百一十一　yìbǎi yīshíyī

200　二百 èrbǎi / 两百 liǎngbǎi、「200」の「2」は"二""两"ともに可。

1001　一千零一　yìqiān líng yī、桁が二つ以上とんでも"零"は一つで可。

1010　一千零一十　yìqiān líng yīshí、桁がとんだ後の「十」も「一」が入る。

1100　一千一（百）　yìqiān yī / yìqiān yìbǎi

2000　两千　liǎngqiān、"千""万"の前は"两"のみ可。

2200　两千二（百）　liǎngqiān èr(bǎi)

22000　两万二（千）　liǎngwàn èr(qiān)

"两"は先頭に来た時のみに使い、中に出て来たら"千"の前でも"二"となります。

2　お金の言い方

多少钱? Duōshǎo qián?　いくらですか？＝金額を聞く時の決まり文句。

1 元 yuán ＝ 10 角 jiǎo ＝ 100 分 fēn

（块 kuài）　（毛 máo）

書き言葉と口語では使う語が異なり、お札や値札には"元""角"と書いてあっても、実際の口語では"块""毛"と言います。

数詞と同じく、単位を表わす"毛、分"が最後に来た時には省略することができます：

0.25 元　两毛五（分）　liǎng máo wǔ (fēn)

2.50 元　两块五（毛）　liǎng kuài wǔ (máo)

5.00 元　五块（钱）　wǔ kuài (qián)

また、最後の例のように、よく金額の終わりに"钱"をつけることがあります。日本円は例えば次のように言います：

10000 円　一万日元　yí wàn Rìyuán

3　"才"と"就"の用法

"才"は「やっと」、"就"は「それでもう」という意味を表わします：

一天才三千四。Yì tiān cái sānqiān sì.　一日でやっと三千四百円です。

他每天九点才起床。Tā měitiān jiǔ diǎn cái qǐchuáng.

彼は毎日 9 時にやっと起きます。

他每天四点就起床。Tā měitiān sì diǎn jiù qǐchuáng.

彼は毎日 4 時にもう起きます。

■■ 课文 kèwén

アルバイトの話とお金の言い方。

A: 你 每天 晚上 做 什么?
　　Nǐ měitiān wǎnshàng zuò shénme?

B: 在 咖啡馆 打工。
　　Zài kāfēiguǎn dǎgōng.

A: 做 服务员, 是 吧?
　　Zuò fúwùyuán, shì ba?

B: 对。
　　Duì.

A: 工资 多少 钱?
　　Gōngzī duōshǎo qián?

B: 一 个 小时 八百 五, 一 天 才 三千
　　Yí ge xiǎoshí bābǎi wǔ, yì tiān cái sānqiān

　　四。
　　sì.

A: 还 可以 嘛。 我 的 工资 只 有 八百。
　　Hái kěyǐ ma. Wǒ de gōngzī zhǐ yǒu bābǎi.

🍀 本文・直訳

A：あなたは毎日夜には何をしますか？
B：喫茶店でアルバイトをしています。
A：ウェイトレスをしているのでしょう？
B：はい。
A：給料はいくらですか？
B：一時間850円で、一日でやっと3400円です。
A：なかなかいけるではありませんか。("还可以"は口語の慣用表現で「なかなか悪くない」の意。)私の給料は800円だけです。

🍀 本文・自然な訳

A：毎晩何してるの？
B：喫茶店でバイトよ。
A：ウェイトレスをしているんでしょう？
B：そう。
A：バイト料はいくら？
B：一時間850円で、一日でやっと3400円なのよ。
A：結構いいじゃないの。私なんて800円にしかならないのよ。

■■ 替换练习 tìhuàn liànxí　　　　　　　　　　　CD 2-49

> 我的工资八百块。Wǒ de gōngzī bābǎi kuài.

1. （问）　吗？ ma?
2. （答）
3. （问）　有一千块吗？ yǒu yìqiān kuài ma?
4. （答）
5. （问）　多少钱？ duōshǎo qián?
6. （答）

■■ 应用会话 yìngyòng huìhuà　　　　　　　　　CD 2-50

1. 你打工吗？　　　　　　　　Nǐ dǎgōng ma?
   ——对。　　　　　　　　　Duì.
   你的工资多少钱？　　　　　Nǐ de gōngzī duōshǎo qián?
   ——一个小时八百。　　　　Yí ge xiǎoshí bābǎi.

2. 小姐，这个多少钱？　　　　Xiǎojiě, zhèige duōshǎo qián?
   ——五十块。　　　　　　　Wǔshí kuài.
   太贵了。便宜一点儿吧。　　Tài guì le. Piányi yìdiǎnr ba.
   ——好吧。四十五块，怎么样？
   　Hǎo ba. Sìshiwǔ kuài, zěnmeyàng?
   好，我买这个。　　　　　　Hǎo, wǒ mǎi zhèige.

3. 你要什么？　　　　　　　　Nǐ yào shénme?
   ——我要这个。　　　　　　Wǒ yào zhèige.
   十块。还要什么？　　　　　Shí kuài. Hái yào shénme?
   ——还要这个。一共多少钱？ Hái yào zhèige. Yígòng duōshǎo qián?
   十块，十五块，一共二十五块。
   　Shí kuài, shíwǔ kuài, yígòng èrshiwǔ kuài.
   ——给你三十块。　　　　　Gěi nǐ sānshí kuài.
   找您五块。　　　　　　　　Zhǎo nín wǔ kuài.

🍀 転換練習・解答

1. 你的工资有八百块吗？　　Nǐ de gōngzī yǒu bābǎi kuài ma?
2. 我的工资有八百块。　　　Wǒ de gōngzī yǒu bābǎi kuài.
3. 你的工资有一千块吗？　　Nǐ de gōngzī yǒu yìqiān kuài ma?
4. 我的工资没有一千块。　　Wǒ de gōngzī méi yǒu yìqiān kuài.
5. 你的工资多少钱？　　　　Nǐ de gōngzī duōshǎo qián?
6. 我的工资八百块。　　　　Wǒ de gōngzī bābǎi kuài.

🍀 応用会話・日本語訳

1. あなたはアルバイトをしていますか？
   ——はい。
   あなたのアルバイト料はいくらですか？
   ——一時間800円です。

2. すみません（女性の売り子に対する呼びかけ）、これいくらですか？
   ——50元です。
   高いですね。ちょっとまけて下さい。（まけてもらう時の決まり文句。）
   ——いいでしょう。45元でどうですか？

   いいですよ、これを買いましょう。

3. 何がお入り用ですか？
   ——これが欲しいんですが。
   10元です。他に何が要りますか？
   ——これも下さい。合計でいくらになりますか？
   10元と15元で合計25元です。

   ——じゃあ30元から。（直訳：あなたに30元あげます。）
   5元のおつりです。（直訳：あなたに5元おつりをさしあげます。）

練習問題

1 ｛ ｝内の単語を全部使って正しい文を作り、ピンインに直し、日本語訳して下さい。

a) ｛ 五，百，八，小时，个，一 ｝ _____

b) ｛ 工资，八，有，百，的，只，我 ｝ _____

c) ｛ 什么，每天，做，你，晚上 ｝ _____

2 次の数字をピンインで中国語に直して下さい。

110 _____
101 _____
222 _____
2002 _____
22000 _____

3 日文中訳 ［漢字とピンインで答えて下さい］

a) 私は毎晩喫茶店でアルバイトをしています。_____

b) ウェイトレスをしているんでしょう？_____

c) 給料はいくらですか？_____

d) 結構いいじゃないの。

4 つぎの会話を漢字に直し、日本語に訳して下さい。

A: Nǐ dǎgōng ma?
B: Wǒ dǎgōng.
A: Gōngzī duōshǎo qián?
B: Yí ge xiǎoshí bābǎi jiǔ.
A: Yí ge yuè duōshǎo qián?

B: Yíge yuè liù qī wàn ba.

LY 狼羊对话 lángyáng duìhuà CD 2-51

狼：你的工资多少钱？
　　Nǐ de gōngzī duōshǎo qián?

羊：一个月一百万日元。
　　Yí ge yuè yìbǎi wàn Rìyuán.

狼：キミの給料はいくらなんだい？
羊：一ヶ月百万円よ。

第二十课　Dì èrshí kè

生词 shēngcí　　　　　　　　　　　　　　　　CD 2-52

車站　[名] chēzhàn　　駅、バス停
对面　[名] duìmiàn　　向かい側
银行　[名] yínháng　　銀行
旁边　[名] pángbiānr　となり
百货商城 [名] bǎihuò shāngchéng
　　　　　　　　デパート
南　　[名] nán　　南

口　　[名] kǒu　　出入口
北　　[名] běi　　北
楼　　[名] lóu　　～階

＊补充生词　bǔchōng shēngcí

小卖部 [名] xiǎomàibù　売店
书店　[名] shūdiàn　本屋

■■ 语法 yǔfǎ　　　　　　　　　　　　　　　　CD 2-53

1　方位詞

　名詞のうち、「上」や「下」など方角を表わす一群の言葉を「方位詞」と呼ぶことがあり、その主なものは以下の通りです：

里	外	上	下	前	后
lǐ	wài	shàng	xià	qián	hòu
里边	外边	上边	下边	前边	后边
lǐbiānr	wàibiānr	shàngbiānr	xiàbiānr	qiánbiānr	hòubiānr
里面	外面	上面	下面	前面	后面
lǐmiàn	wàimiàn	shàngmiàn	xiàmiàn	qiánmiàn	hòumiàn
なか	そと	うえ	した	まえ	うしろ

旁	左	右	东	南	西	北
páng	zuǒ	yòu	dōng	nán	xī	běi
旁边	左边	右边	东边	南边	西边	北边
pángbiānr	zuǒbiānr	yòubiānr	dōngbiānr	nánbiānr	xībiānr	běibiānr
わき	ひだり	みぎ	ひがし	みなみ	にし	きた

　"里"や"外"などの一字のものは単独では使用できず、必ず他の名詞の後に付いて、「～の中」とか「～の外」という意味になります。
　"边"や"面"がつくものはそれのみで使うことができます。下の段の"旁左右东南西北"には普通"面"がつく組み合わせはありません。

2 普通の名詞→場所詞

普通の名詞の後に方位詞などがつくと、場所を表わす名詞（これを特に「場所詞」と呼ぶことがあります）になります：

名詞 +
- 方位詞　　　车站对面　　chēzhàn duìmiàn　駅の向かい側
- 里　lǐ　　　百货商城里　bǎihuò shāngchéng lǐ
　　　　　　　　　　　　　　デパートの中
- 这儿　zhèr　我这儿　　　wǒ zhèr　私のところ
- 那儿　nàr　　李惠那儿　　Lǐ Huì nàr　李恵さんのところ

3　VP＋的→定語

動詞句が名詞を修飾する（つまり「定語」になる）時には"的"を付けます：

你打工　　　　　　　　→你打工的咖啡馆
nǐ dǎgōng　　　　　　　nǐ dǎgōng de kāfēiguǎn
あなたはアルバイトをする　あなたがアルバイトをしている喫茶店

课文 kèwén

（バイト先の）場所の言い方。

A: 你 打工 的 咖啡馆 在 哪儿?
   Nǐ dǎgōng de kāfēiguǎn zài nǎr?

B: 在 车站 对面。
   Zài chēzhàn duìmiàn.

A: 是 吗? 是 不 是 银行 旁边 那个?
   Shì ma? Shì bu shì yínháng pángbiānr nèige?

B: 不 是。 在 百货 商城 里 的。
   Bú shi. Zài bǎihuò shāngchéng lǐ de.

A: 南口 的, 还是 北口 的?
   Nánkǒu de, háishi běikǒu de?

B: 南口 的。
   Nánkǒu de.

A: 在 几 楼?
   Zài jǐ lóu?

B: 在 三 楼。
   Zài sān lóu.

🍀 本文・直訳

A：あなたがアルバイトをしている喫茶店はどこにありますか？
B：駅の向かい側にあります。
A：そうですか？銀行の隣のそれ（＝喫茶店）ですか？
B：いいえ。デパートの中にあるもの（＝喫茶店）です。
A：南口の（デパート）、それとも北口の（デパート）？
B：南口の（デパート）です。
A：何階にあるのですか？
B：3階にあります。

🍀 本文・自然な訳

A：バイトをしている喫茶店はどこにあるの？
B：駅の向かい側よ。
A：へえ、銀行の隣の？
B：いえ、デパートの中にあるのよ。
A：南口の、それとも北口の？
B：南口のよ。
A：何階にあるの？
B：3階よ。

■ **替换练习** tìhuàn liànxí　　　　　　　　　　　　　CD 2-55

> 咖啡馆在车站对面。Kāfēiguǎn zài chēzhàn duìmiàn.

1. （问）_____吗？ ma?
2. （答）
3. （问）_____车站后面吗？ chēzhàn hòumiàn ma?
4. （答）
5. （问）_____在哪儿？ zài nǎr?
6. （答）

■ **应用会话** yìngyòng huìhuà　　　　　　　　　　　　CD 2-56

1. 请问，银行在哪儿？　　　　　Qǐngwèn, yínháng zài nǎr?
   ——银行在车站北边。　　　　Yínháng zài chēzhàn běibiānr.
   请问，_____在哪儿？　　　Qǐngwèn, _____ zài nǎr?
   ——_____在_____。　　_____ zài _____.

2. 银行上边有什么？　　　　　　Yínháng shàngbiānr yǒu shénme?
   ——银行上边有小卖部、咖啡馆和书店。
   　　　Yínháng shàngbiānr yǒu xiǎomàibù, kāfēiguǎn hé shūdiàn.
   书店下边是什么？　　　　　　Shūdiàn xiàbiānr shì shénme?
   ——书店下边是咖啡馆。　　　Shūdiàn xiàbiānr shì kāfēiguǎn.

3. 请问，小卖部在几楼？　　　　Qǐngwèn, xiǎomàibù zài jǐ lóu?
   ——在二楼。　　　　　　　　Zài èr lóu.
   请问，_____在几楼？　　　Qǐngwèn, _____ zài jǐ lóu?
   ——_____在____楼。　　　_____ zài ____ lóu.

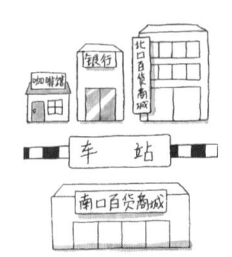

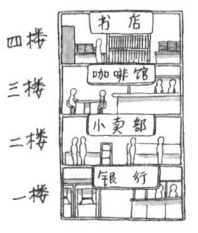

🍀 転換練習・解答

1. 咖啡馆在车站对面吗？　Kāfēiguǎn zài chēzhàn duìmiàn ma?
2. 咖啡馆在车站对面。　　Kāfēiguǎn zài chēzhàn duìmiàn.
3. 咖啡馆在车站后面吗？　Kāfēiguǎn zài chēzhàn hòumiàn ma?
4. 咖啡馆不在车站后面。　Kāfēiguǎn bú zài chēzhàn hòumiàn.
5. 咖啡馆在哪儿？　　　　Kāfēiguǎn zài nǎr?
6. 咖啡馆在车站对面。　　Kāfēiguǎn zài chēzhàn duìmiàn.

🍀 応用会話・日本語訳

1. おたずねしますが、銀行はどこにありますか？
   ——銀行は駅の北側にあります。
   おたずねしますが、＿＿＿＿＿＿はどこにありますか？
   ——＿＿＿＿＿＿は＿＿＿＿＿＿にあります。

2. 銀行の上には何がありますか？
   ——銀行の上には売店と喫茶店と本屋があります。

   本屋の下は何ですか？
   ——本屋の下は喫茶店です。

3. おたずねしますが、売店は何階にありますか？
   ——2階にあります。
   おたずねしますが、＿＿＿＿＿＿は何階にありますか？
   ——＿＿＿＿＿＿は＿＿階にあります。

練習問題

1 { }内の単語を全部使って正しい文を作り、ピンインに直し、日本語訳して下さい。

a) { 是，旁边，那个，不，银行，是 } _____

_____

b) { 咖啡馆，在，对面，我，的，打工，车站 } _____

_____

c) { 在，楼，三，咖啡馆 } _____

_____

2 方位詞を"边 biānr""面 miànr"をつけない形で漢字とピンインで記して下さい。

	なか	そと	うえ	した	まえ	うしろ
漢字						
ピンイン						

	わき	ひだり	みぎ	ひがし	みなみ	にし	きた
漢字							
ピンイン							

3 日文中訳［漢字とピンインで答えて下さい］

a) 喫茶店は何階にありますか？_____

_____

b) 銀行のわきに喫茶店があります。_____

_____

c）私のアルバイトしている喫茶店はデパートの中にあります。＿＿＿＿＿

＿＿＿＿＿＿＿＿＿＿＿＿＿＿＿＿＿＿＿＿＿＿＿＿＿＿＿＿＿＿＿＿＿＿

＿＿＿＿＿＿＿＿＿＿＿＿＿＿＿＿＿＿＿＿＿＿＿＿＿＿＿＿＿＿＿＿＿＿

4 つぎの会話を漢字に直し、日本語に訳して下さい。

A: Qǐngwèn, cèsuǒ zài nǎr? ＿＿＿＿＿＿＿＿＿＿＿＿＿＿＿＿＿＿＿

＿＿＿＿＿＿＿＿＿＿＿＿＿＿＿＿＿＿＿＿＿＿＿＿＿＿＿＿＿＿＿＿＿＿

B: Zài wàimiàn. ＿＿＿＿＿＿＿＿＿＿＿＿＿＿＿＿＿＿＿＿＿＿＿＿＿

A: Něibiānr? ＿＿＿＿＿＿＿＿＿＿＿＿＿＿＿＿＿＿＿＿＿＿＿＿＿＿＿

B: Zài zuǒbiānr. ＿＿＿＿＿＿＿＿＿＿＿＿＿＿＿＿＿＿＿＿＿＿＿＿＿

A: Xièxie. ＿＿＿＿＿＿＿＿＿＿＿＿＿＿＿＿＿＿＿＿＿＿＿＿＿＿＿＿

B: Bú xiè. ＿＿＿＿＿＿＿＿＿＿＿＿＿＿＿＿＿＿＿＿＿＿＿＿＿＿＿＿

※ cèsuǒ 厕所＝トイレ

LY 狼羊对话 lángyáng duìhuà　　CD 2-57

狼：我的旁边是你。
　　Wǒ de pángbiānr shì nǐ.
羊：我的旁边没有人。
　　Wǒ de pángbiānr méi yǒu rén.

狼：ボクのかたわらにはキミがいる。
羊：私のとなりには誰もいないわ。

第二十一课 Dì èrshiyī kè

生词 shēngcí　　　　　　　　　　　　　　　　　　　　CD 2-58

体育［名］tǐyù　体育
体育馆［名］tǐyùguǎn　体育館
走［动］zǒu　歩く，行く
一直［副］yìzhí　まっすぐ
往［介］wǎng　〜に向かって
图书馆［名］túshūguǎn　図書館
拐［动］guǎi　まがる
离［介］lí　〜から
远［形］yuǎn　遠い
比较［副］bǐjiào　わりあい〜

那边儿［代］nèibiānr　あっち，そっち

＊补充生词　bǔchōng shēngcí
来［动］lái　来る
短［形］duǎn　短い
近［形］jìn　近い
低［形］dī　低い
少［形］shǎo　少ない
公里［量］gōnglǐ　キロメートル

■■ 语法 yǔfǎ　　　　　　　　　　　　　　　　　　　　CD 2-59

1　目的地・方向・距離の隔たりの起点を表す前置詞

　　［目的地］　　到图书馆去。Dào túshūguǎn qù.　図書館に行く。

（cf.　"去图书馆"のように"去"は目的地を直に目的語としてとることもできます。意味的には違いがありません。）

　　［方向］　　　往前走。Wǎng qián zǒu.　前に向かって歩く。

　　［距離の起点］体育馆离这儿比较远。Tǐyùguǎn lí zhèr bǐjiào yuǎn.

　　　　　　　　体育館はここからわりあい遠い。

　　　　　　cf：他是从中国来的。　Tā shì cóng Zhōngguó lái de.

　　　　　　　　彼は中国から来たのです。

"从"は動作の起点を表し、その後ろには移動を表わす動詞が来ますが、"离"は専ら距離の隔たりを表わす時に使い、その後ろには近いとか遠いとかの距離を表す言葉が来ます。

2　"多"による疑問詞

形容詞の前に"多"をつけてその程度を聞く一群の疑問詞があります：

多大	duōdà?	どれくらいの大きさ？	大	dà	小	xiǎo
多长	duōcháng?	どれくらいの長さ？	长	cháng	短	duǎn
多远	duōyuǎn?	どれくらいの遠さ？	远	yuǎn	近	jìn
多高	duōgāo?	どれくらいの高さ？	高	gāo	低	dī
多少	duōshǎo?	どれくらいの多さ？	多	duō	少	shǎo

(＊多多)

この場合、ペアになった形容詞の程度の甚だしい方の前に普通は"多"をつけますが、"多"に限ってはそれに"多"をつけると"多多"となって重複してしまうので例外的に"多少"となります。

课文 kèwén

道のたずね方・教え方。

A: 下一节是什么课?
Xià yì jié shì shénme kè?

B: 体育课。对了,去体育馆怎么走?
Tǐyù kè. Duì le, qù tǐyùguǎn zěnme zǒu?

A: 一直往前走,到图书馆往左拐。
Yìzhí wǎng qián zǒu, dào túshūguǎn wǎng zuǒ guǎi.

B: 离这儿远不远?
Lí zhèr yuǎn bu yuǎn?

A: 比较远。我也去那边儿,我们一起
Bǐjiào yuǎn. Wǒ yě qù nèibiānr, wǒmen yìqǐ

去吧。
qù ba.

B: 好。
Hǎo.

A: 你看,就在那儿。
Nǐ kàn, jiù zài nàr.

再见!
Zàijiàn!

B: 谢谢,再见!
Xièxie, zàijiàn!

🍀 本文・直訳

A：次の時間は何の授業ですか？
B：体育です。そういえば、体育館に行くにはどうやっていくのですか？
A：ずーっとまっすぐ行って、図書館についたら左にまがるのです。
B：ここから遠いですか？
A：わりあい遠いです。私もそちらの方に行きますから、私たち一緒に行きましょう。
B：はい。
A：ごらんなさい、すぐそこにあります。さようなら。
B：ありがとう、さようなら。

🍀 本文・自然な訳

A：次は何の時間？
B：体育よ。そうそう、体育館にはどう行くの？
A：ずーっとまっすぐ行って、図書館のところで左にまがるの。
B：ここから遠いの？
A：結構遠いわよ。私もそっちに行くから一緒に行きましょう。
B：ええ。
A：ほら、あれがそう。じゃあね。
B：ありがとう、じゃあ又ね。

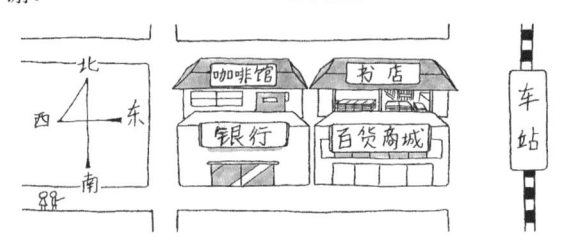

■ 替换练习 tìhuàn liànxí　　　CD 2-61

> 体育馆离这儿很远。Tǐyùguǎn lí zhèr hěn yuǎn.

1. （问）＿＿吗？ ma?
2. （答）
3. （问）＿＿近吗？ jìn ma?
4. （答）
5. （问）＿＿远不远？ yuǎn bu yuǎn?
6. （答）

■ 应用会话 yìngyòng huìhuà　　　CD 2-62

1. 请问，去书店怎么走？　　Qǐngwèn, qù shūdiàn zěnme zǒu?
   ——往东走，到百货商城往左拐。
   　　　Wǎng dōng zǒu, dào bǎihuò shāngchéng wǎng zuǒ guǎi.
   谢谢。　　　　　　　　　Xièxie.
   ——不谢。　　　　　　　Bú xiè.

2. 请问，去＿＿＿怎么走？　Qǐngwèn, qù ＿＿＿ zěnme zǒu?
   ——＿＿＿＿＿＿＿＿＿＿。
   谢谢。　　　　　　　　　Xièxie.
   ——不谢。　　　　　　　Bú xiè.

3. 你家离学校远不远？　　　Nǐ jiā lí xuéxiào yuǎn bu yuǎn?
   ——比较远。　　　　　　Bǐjiào yuǎn.
   有多远？　　　　　　　　Yǒu duōyuǎn?
   ——有三十公里左右。　　Yǒu sānshí gōnglǐ zuǒyòu.

🍀 転換練習・解答

1. 体育馆离这儿远吗？　　Tǐyùguǎn lí zhèr yuǎn ma?
2. 体育馆离这儿很远。　　Tǐyùguǎn lí zhèr hěn yuǎn.
3. 体育馆离这儿近吗？　　Tǐyùguǎn lí zhèr jìn ma?
4. 体育馆离这儿不近。　　Tǐyùguǎn lí zhèr bú jìn.
5. 体育馆离这儿远不远？　Tǐyùguǎn lí zhèr yuǎn bu yuǎn?
6. 体育馆离这儿很远。　　Tǐyùguǎn lí zhèr hěn yuǎn.

🍀 応用会話・日本語訳

1. おたずねしますが、本屋にはどうやって行くのですか？
   ——東の方に行ってデパートについたら左にまがるのです。

   どうもありがとうございます。
   ——どういたしまして。

2. おたずねしますが、＿＿＿＿にはどうやって行くのですか？
   ——＿＿＿＿＿＿＿＿＿＿＿＿＿＿＿＿＿。
   どうもありがとうございます。
   ——どういたしまして。

3. あなたのおうちは学校から遠いですか？
   ——わりあい遠いです。
   どれくらいの距離がありますか？
   ——30キロくらいあります。

■■ 練 習 問 題 ■■

1 { }内の単語を全部使って正しい文を作り、ピンインに直し、日本語訳して下さい。

a) { 往，一直，走，前 } _____

_____

b) { 往，图书馆，拐，到，左 } _____

_____

c) { 远，离，不，这儿，远 } _____

_____

2 空欄を埋め、"多～"による疑問詞を作って下さい。

_____ dà	小 _____	多 _____ ?	duō _____ ?
长 _____	_____ duǎn	多 _____ ?	duō _____ ?
_____ yuǎn	近 _____	多 _____ ?	duō _____ ?
高 _____	_____ dī	多 _____ ?	duō _____ ?
_____ duō	少 _____	多 _____ ?	duō _____ ?

3 日文中訳 [漢字とピンインで答えて下さい]

a) おたずねしますが、体育館にはどう行くのですか？ _____

_____

b) あなたの家は学校から遠いですか？ _____

_____

c) 次の時間は何の授業ですか？ _____

_____

4 つぎの会話を漢字に直し、日本語に訳して下さい。

A: Qǐngwèn, qù yínháng zěnme zǒu? _____

B: Yìzhí wǎng qián zǒu, dào bǎihuò shāngchéng wǎng yòu guǎi.

_____

_____

A: Lí zhèr yuǎn bu yuǎn? _____

B: Bù yuǎn, zǒu liǎng fēn zhōng jiù dào. _____

_____

A: Xièxie. _____

B: Bú xiè. _____

LY 狼羊对话 lángyáng duìhuà　　CD 2-63

狼：你家离这儿远不远？
　　Nǐ jiā lí zhèr yuǎn bu yuǎn?

羊：很远，很远。
　　Hěn yuǎn, hěn yuǎn.

狼：キミの家はここから遠いのかい？
羊：すっごく遠いわ。（二回言うと強調される）

第二十二课　Dì èrshíèr kè　▶复习 Fùxí

生词 shēngcí

说　[名] shuō　言う
＊补充生词　bǔchōng shēngcí
地方　[名] dìfang　場所
钱包　[名] qiánbāo　サイフ
桌子　[名] zhuōzi　机

今天　中午　我　和　李　惠　一起　吃　饭。
Jīntiān zhōngwǔ wǒ hé Lǐ Huì yìqǐ chī fàn.

十二　点　半　我们　在　学校　门口　见面，
Shí'èr diǎn bàn wǒmen zài xuéxiào ménkǒu jiànmiàn,

一起　去　食堂。我　问　她　每天　几　点
yìqǐ qù shítáng. Wǒ wèn tā měitiān jǐ diǎn

起床。她　说，她　七　点　左右　起床，十二
qǐchuáng. Tā shuō, tā qī diǎn zuǒyòu qǐchuáng, shí'èr

点　多　睡觉。她　每天　只　睡　六　七　个
diǎn duō shuìjiào. Tā měitiān zhǐ shuì liù qī ge

小时。她　每天　晚上　在　咖啡馆　打工。
xiǎoshí. Tā měitiān wǎnshàng zài kāfēiguǎn dǎgōng.

她　的　工资　一　个　小时　八百　五，比较　高。
Tā de gōngzī yí ge xiǎoshí bābǎi wǔ, bǐjiào gāo.

她　打工　的　咖啡馆　在　车站　南口　的　百货
Tā dǎgōng de kāfēiguǎn zài chēzhàn nánkǒu de bǎihuò

商城 里。　　下午 李 惠 有 体育 课。
shāngchéng lǐ.　　Xiàwǔ Lǐ Huì yǒu tǐyù kè.

体育馆 在 图书馆 旁边。　我们 一起 去
Tǐyùguǎn zài túshūguǎn pángbiānr.　Wǒmen yìqǐ qù

那边儿。
nèibiānr.

●本文訳●
今日お昼に私は李恵さんと一緒にご飯を食べました。
12時半に私たちは学校の門のところで会い、一緒に食堂に行きました。
私は彼女に毎日何時に起きるのか聞きました。
彼女が言うには、彼女は7時頃に起きて、12時すぎに寝ます。
彼女は毎日6—7時間しか寝ません。
彼女は毎晩喫茶店でバイトをしています。
彼女の給料は一時間850円で、割合高いほうです。
彼女がアルバイトしている喫茶店は駅の南口のデパートの中にあります。
午後には李恵さんは体育の授業があります。
体育館は図書館のとなりにあります。
私たちは一緒にそちらの方に行きました。

● 语法小结 ●

CD 2-66

A 時点と時間量

動作が行なわれる時点はふつう主語と動詞の間に置き、対比の意味合いがある時には文頭に置きますが、その動作がどれ位の時間行なわれたかを示す量は動詞の後ろ、目的語の前に置きます：

(時点)	S	時点	V	時間量	O
	她	每天	睡	七个小时。	
明天	他		看	两个小时	电视。
	我	晚上	学习	一个小时。	

彼女は毎日7時間眠る。
Tā měitiān shuì qī ge xiǎoshí.

明日は彼は2時間テレビを見ます。
Míngtiān tā kàn liǎng ge xiǎoshí diànshì.

私は夜に1時間勉強をします。
Wǒ wǎnshàng xuéxí yí ge xiǎoshí.

B 前置詞句の位置

前置詞句は通常主語と動詞の間に置きます：

S	※	V	O
我	在东京	上	大学。
她	从北京	来	日本。
我	到图书馆	去。	
我	往南	走。	
我家	离学校	很近。	
她	对网球	有	兴趣。

Wǒ zài Dōngjīng shàng dàxué.
私は東京で大学に行っている。

Tā cóng Běijīng lái Rìběn.
彼女は北京から日本に来ます。

Wǒ dào túshūguǎn qù.
私は図書館に行きます。

Wǒ wǎng nán zǒu.
私は南に向かって歩く。

Wǒ jiā lí xuéxiào hěn jìn.
私の家は学校から近い。

Tā duì wǎngqiú yǒu xìngqù.
彼女はテニスに興味を持っている。

C 場所の表現

1 ［場所］を表わす語の現われる位置

次に挙げる文型では［場所］の位置に場所を表わす名詞か方位詞を付加することによって場所詞化した表現を入れます：

存在を表わす文型：［場所］＋"有"＋存在者
　　　　　　　　　存在者＋"在"＋［場所］
前置詞"在"：　　　S＋"在"＋［場所］＋V＋O
空間の移動：　　　"到"＋［場所］＋"去"，"去"＋［場所］；
　　　　　　　　　"从"＋［場所］＋"来"，"来"＋［場所］
距離：　　　　　　S＋"离"＋［場所］＋距離

2 ［場所］の箇所に直接現れることができる成分

［場所］の箇所に直接現れることができる成分は以下の通りです：

・場所を表わす指示代詞：这儿 zhèr　那儿 nàr　哪儿 nǎr
　　　　　　　　　　　　这里 zhèli　那里 nàli　哪里 nǎli
　　　　　　　　　　　　什么地方 shénme dìfang　どこ？
・地名：中国 Zhōngguó，北京 Běijīng，西安 Xī'ān
・場所の意味のある名詞：书店 shūdiàn，房间 fángjiān
・方位詞：对面 duìmiàn，旁边 pángbiānr など

"在"を例にして言うと次のようになります：

他在那儿。Tā zài nàr.　　　彼はあそこにいる。
他在中国。Tā zài Zhōngguó.　彼は中国にいる。
他在书店。Tā zài shūdiàn.　　彼は本屋にいる。
他在对面。Tā zài duìmiàn.　　彼は向かい側にいる。

3 普通の名詞の場所詞化

それ以外の普通の名詞は、"里"や"上"やその他の方位詞をつけるか場所指示詞をつけて場所詞に変換した上で［場所］の位置に置きます：

钱在钱包里。Qián zài qiánbāo lǐ.　お金はサイフの中にある。

（"＊钱在钱包。"とは言わない。）

钱在桌子上。Qián zài zhuōzi shàng.　お金はテーブルの上にある。

（"＊钱在桌子。"とは言わない。）

※「場所の意味のある名詞」は"里"をつけてもよい：

他在书店（里）。Tā zài shūdiàn (lǐ).　彼は本屋にいる。

D　さまざまな副詞

否定

中国語では否定を表わす副詞が二種あります：

不　　这个不好。Zhèige bù hǎo.　　これはよくない。

没　　我没有钱。Wǒ méi yǒu qián.　　私はお金を持っていない。

"不"と"没"の使い分けを一覧表にしてみましょう：

	名詞	形容詞	動詞	有	是	在	喜欢
不	×	○	○	×	○	○	○
没	○	×	○	○	×	(×)	×

※"没"＋動詞の形はまだ出てきていない。

　名詞は"没"としか結合せず（存在しないことを表わす）、形容詞は"不"としか結合せず、動詞は両者と結合しますが意味が異なります（"没"＋動詞の形はまだ出てきていません）。動詞の中でごく常用のものにはどちらか一方としか結合しないものがあり、最も代表的なものを挙げておきました。このうち"在"については普通は"不"で否定するのですが、"没"で否定することも時としてあります。

程度	很	这个很好。	Zhèige hěn hǎo.	これは（とても）よい。（普通は「とても」の意味はほとんどありません。）
	比较	这个比较好。	Zhèige bǐjiào hǎo.	これはわりあいよい。
	还	这个还好。	Zhèige hái hǎo.	これならまあまあよい。
範囲	都	他们都去。	Tāmen dōu qù.	彼らは皆行く。
	一共	一共三万日元。	Yígòng sānwàn Rìyuán.	全部で3万円です。
	只	我只有五百块钱。	Wǒ zhǐ yǒu wǔbǎi kuài qián.	私は500元しかもっていません。
	也	我也去。	Wǒ yě qù.	私も行きます。
	还	我还要这个。	Wǒ hái yào zhèige.	私はその他にこれが要ります。
	互相	我们互相学习吧。	Wǒmen hùxiāng xuéxí ba.	私たちは互いに学び合いましょう。
	一起	我们一起去吧。	Wǒmen yìqǐ qù ba.	私たちは一緒に行きましょう。
時間	就	他七点钟就起床。	Tā qī diǎn zhōng jiù qǐchuáng.	彼は7時にもう起きる
	才	他七点钟才起床。	Tā qī diǎn zhōng cái qǐchuáng.	彼は7時にやっと起きる
様態	一直	一直往前走。	Yìzhí wǎng qián zǒu.	まっすぐ前に行く。

練習問題

1 { }内の単語を全部使って正しい文を作り、ピンインに直し、日本語訳して下さい。

a) { 她，左右，起床，点，七 } _____

b) { 七，每天，她，小时，个，睡 } _____

c) { 离，我，学校，很，家，远 } _____

d) { 一起，吧，去，我们 } _____

2 日文中訳［漢字とピンインで答えて下さい］

a) 私は北京に行きます。_____

b) 私は彼の家に行きます。_____

c) 私は彼の所に行きます。_____

d) 私はそこに行きます。_____

e) 喫茶店はデパートの中にあります。_____

f) 喫茶店は駅の向かい側にあります。＿＿＿＿＿＿＿＿＿＿＿＿＿＿＿
＿＿＿＿＿＿＿＿＿＿＿＿＿＿＿＿＿＿＿＿＿＿＿＿＿＿＿＿＿＿＿＿＿

g) 私の財布の中にはお金がありません。＿＿＿＿＿＿＿＿＿＿＿＿＿
＿＿＿＿＿＿＿＿＿＿＿＿＿＿＿＿＿＿＿＿＿＿＿＿＿＿＿＿＿＿＿＿＿

3 次の文を否定形に変えて漢字とピンインで書いて下さい。

a) 我有弟弟。＿＿＿＿＿＿＿＿＿＿＿＿＿＿＿＿＿＿＿＿＿＿＿＿＿
b) 她的工资很高。＿＿＿＿＿＿＿＿＿＿＿＿＿＿＿＿＿＿＿＿＿＿＿
c) 我打工。＿＿＿＿＿＿＿＿＿＿＿＿＿＿＿＿＿＿＿＿＿＿＿＿＿＿
d) 他是日本人。＿＿＿＿＿＿＿＿＿＿＿＿＿＿＿＿＿＿＿＿＿＿＿＿
e) 她父母在北京。＿＿＿＿＿＿＿＿＿＿＿＿＿＿＿＿＿＿＿＿＿＿＿
f) 我喜欢咖啡。＿＿＿＿＿＿＿＿＿＿＿＿＿＿＿＿＿＿＿＿＿＿＿＿

練習問題・解答

第5課
1．a）你的中文很好。Nǐ de Zhōngwén hěn hǎo. あなたは中国語がうまいですね。（直訳：あなたの中国語はよい。） b）你也是中国人吗? Nǐ yě shì Zhōngguórén ma? あなたも中国人ですか？ c）你是留学生吧? Nǐ shì liúxuéshēng ba? あなたは留学生でしょう？ d）我也很高兴。Wǒ yě hěn gāoxìng. 私もうれしいです。 e）我不会中文。Wǒ bú huì Zhōngwén. 私は中国語ができません。
2．a）你是日本人吗? Wǒ bú shi Rìběnrén. b）他的中文好吗? Tā de Zhōngwén bù hǎo. c）他也会中文吗? Tā bú huì Zhōngwén. d）你高兴吗? Wǒ bù gāoxìng.
3．a）请问。Qǐngwèn. b）对。Duì. 不。Bù. c）过奖。Guòjiǎng. d）认识你，很高兴。Rènshi nǐ, hěn gāoxìng.
4．A：你好…こんにちは… B：你好! こんにちは！ A：啊, 你会中文? ああ、あなたは中国語ができるのですか？ B：我的中文不好。私の中国語は下手です。 A：不, 你的中文很好。いいえ、あなたの中国語は上手です。 B：是吗? 谢谢。そうですか？ありがとう。

第6課
1．a）我姓李，叫李惠。Wǒ xìng Lǐ, jiào Lǐ Huì. 私は李という姓で、李恵と申します。 b）你叫什么名字? Nǐ jiào shénme míngzi? あなたのお名前は？ c）怎么写? Zěnme xiě? どう書きますか？ d）你贵姓? Nǐ guìxìng? あなたのお名前は何とおっしゃいますか？（姓を聞く丁寧な聞き方） e）我叫山川静。Wǒ jiào Shānchuān Jìng. 私は山川静といいます。
2．a）您贵姓? Nín guìxìng?（你贵姓? Nǐ guìxìng?） b）你叫什么名字? Nǐ jiào shénme míngzi? c）我叫李惠。Wǒ jiào Lǐ Huì. d）怎么写? Zěnme xiě?
3．a）哦 Ò b）你呢? Nǐ ne?
4．A：你贵姓? あなたのお名前は？ B：我姓山川，叫山川静。私の姓は山川で、山川静といいます。 A：怎么写? どう書くのですか？ B：你看，这么写。ほら、こう書きます。 A：啊, 好名字。ああ、いい名前ですね。 B：你呢? 你叫什么名字? あなたは？あなたのお名前は？ A：我叫李惠。私は李恵といいます。

第7課
1．a）你是哪个系的? Nǐ shì nǎge xì de? あなたは何学部ですか？ b）你的专业是什么? Nǐ de zhuānyè shì shénme? あなたの専門は何ですか？ c）那我们都是一年级。Nà wǒmen dōu shì yī niánjí. それなら私たちはどちらも一年生ですね。 d）我是文学系的。Wǒ shì wénxuéxì de. 私は文学部です。 e）你几年级? Nǐ jǐ

niánjí. あなたは何年生ですか？
2．　　　　単数　　　　　　　　　複数
　　1人称　　我　wǒ　　　　　我们　wǒmen／咱们　zánmen
　　2人称　　你　nǐ／您　nín　　你们　nǐmen
　　3人称　　他（她／它）tā　　他们（她们／它们）tāmen
3．a）你几年级? Nǐ jǐ niánjí? b）我一年级。Wǒ yī niánjí. c）你是哪个系的? Nǐ shì nǎge xì de? d）你的专业是什么? Nǐ de zhuānyè shì shénme?
4．A：你是哪个系的? あなたは何学部ですか？ B：我是法律系的。私は法学部です。 A：我也是法律系的。私も法学部です。 B：你几年级? あなたは何年生ですか？ A：一年级。一年生です。 B：那咱们都是一年级。それなら私たちはどちらも一年生ですね。 A：认识你, 很高兴。知り合いになれてうれしいです。 B：我也很高兴。私もうれしいです。

第8課

1．a）你要不要喝的? Nǐ yào bu yào hē de? あなたは飲物はいりませんか？ b）你喜欢可乐, 还是喜欢乌龙茶? （乌龙茶が先で可乐が後でもよい）Nǐ xǐhuan kělè, háishi xǐhuan wūlóngchá? あなたはコーラが好きですか、それともウーロン茶が好きですか？ c）你喜欢不喜欢三明治? Nǐ xǐhuan bu xǐhuan sānmíngzhì? あなたはサンドイッチがお好きではありませんか？ d）你吃蔬菜的, 还是吃火腿的? （火腿的が先で蔬菜的が後でもよい）Nǐ chī shūcài de, háishi chī huǒtuǐ de? 野菜サンドを食べますか、それともハムサンドを食べますか？
2．a）他是不是日本人? Tā shì bu shì Rìběnrén? b）她喝不喝乌龙茶? Tā hē bu hē wūlóngchá? c）你吃不吃蔬菜的? Nǐ chī bu chī shūcài de?
3．a）她是日本人, 还是中国人? Tā shì Rìběnrén, háishi Zhōngguórén? b）你要可乐, 还是要乌龙茶? Nǐ yào kělè, háishi yào wūlóngchá? c）你吃, 还是他吃? Nǐ chī, háishi tā chī?
4．A：你要什么? 何がお入り用ですか？ B：我要三明治。サンドイッチを下さい。 A：蔬菜的, 还是火腿的? 野菜サンドですか、ハムサンドですか？ B：火腿的。ハムサンド。 A：还要什么? 他にお入り用ですか？ B：还要可乐。コーラも下さい。

第9課

1．a）告诉我你的地址, 好吗? Gàosu wǒ nǐ de dìzhǐ, hǎo ma? あなたの住所を教えてもらえますか？ b）你的电话号码是多少? Nǐ de diànhuà hàomǎ shì duōshǎo? あなたの電話番号は何番ですか？ c）请你教我日文, 好吗? Qǐng nǐ jiāo wǒ Rìwén, hǎo ma? 私に日本語を教えてもらえませんか？ d）我们互相帮助吧。Wǒmen hùxiāng bāngzhù ba. 私たちは互いに助け合いましょう。

2． 近称　　　　　　遠称　　　　　　疑問称
　　这 zhè　　　　　　那 nà
　　这个 zhèige/zhège　　那个 nèige/nàge　　哪个 něige/nǎge
3．líng, yī, èr, sān, sì, wǔ, liù, qī, bā, jiǔ
4．a）告诉我你的地址，好吗? Gàosu wǒ nǐ de dìzhǐ, hǎo ma?　b）你的电话号码是多少? Nǐ de diànhuà hàomǎ shì duōshao?　c）好吗? 好啊。Hǎo ma? Hǎo a.　d）怎么样? 不行。Zěnmeyàng? Bù xíng.
5．A：告诉我你的电话号码，好吗？あなたの電話番号を教えてもらえませんか？ B：好啊。○六○、七八九、四五二一。你呢? 你的电话号码是多少? いいですよ。060、789、4521です。あなたは？あなたの電話番号は何番ですか？ A：我的电话号码是○八○、三九一、四二六五。私の電話番号は080、391、4265です。

第10課

1．a）我是日本人。Wǒ shì Rìběnrén. 私は日本人です。 b）她叫李惠。Tā jiào Lǐ Huì. 彼女は李恵といいます。 c）我教她中文。(她教我中文。) Wǒ jiāo tā Zhōngwén. 私は彼女に中国語を教えます。 d）你的中文很好。Nǐ de Zhōngwén hěn hǎo. あなたの中国語は上手です。 e）你也是中国人吗? Nǐ yě shì Zhōngguórén ma? あなたも中国人ですか？
2．a）她喝乌龙茶吗? 彼女はウーロン茶を飲みますか？ b）她喝不喝乌龙茶? 彼女はウーロン茶を飲みますか？ c）她喝乌龙茶吧? 彼女はウーロン茶を飲むんでしょう？ d）她喝乌龙茶，对吗? 彼女はウーロン茶を飲むんでしょう？ e）她喝乌龙茶? 彼女がウーロン茶を飲むんですって？ f）她喝乌龙茶，还是喝可乐? 彼女はウーロン茶を飲みますか、それともコーラを飲みますか？ g）她喝乌龙茶，你呢? 彼女はウーロン茶を飲みますが、あなたは？
3．a）谁吃三明治? Shéi (shuí) chī sānmíngzhì?　b）她叫什么? Tā jiào shénme? c）他教什么文学? Tā jiāo shénme wénxué?　d）李惠是哪个系的? Lǐ Huì shì nǎge xì de?　e）他几年级? Tā jǐ niánjí?　f）怎么吃? Zěnme chī?　g）她的名字怎么样? Tā de míngzi zěnmeyàng?

第11課

1．a）你有兄弟姐妹吗? Nǐ yǒu xiōngdì jiěmèi ma? あなたは兄弟がいますか？ b）你姐姐个子真高啊。Nǐ jiějie gèzi zhēn gāo a. あなたのお姉さんは本当に背が高いですね。 c）你有家里人的照片吗? Nǐ yǒu jiā lǐ rén de zhàopiàn ma? あなたは家族の写真をもっていますか？ d）她今年二十二岁。Tā jīnnián èrshíèr suì. 彼女は今年22歳です。
2．a）我没有弟弟。Wǒ méi yǒu dìdi.　b）我母亲是老师。Wǒ mǔqin shì lǎoshī.　c）她有两个姐姐。Tā yǒu liǎng ge jiějie.　d）你个子真高啊。Nǐ gèzi

zhēn gāo a. e）你今年多大？Nǐ jīnnián duōdà?
3．a）您今年多大岁数？Nín jīnnián duōdà suìshù? b）你几岁？Nǐ jǐ suì?
c）欸。Éi.
4．A：你有兄弟姐妹吗？あなたは兄弟がいますか？ B：有，我有两个哥哥。欸，你有姐姐吧？います、私には兄が二人います。ねえ、あなたはお姉さんがいるでしょう？ A：没有啊。我是独生子。いませんよ。私は一人っ子です。B：是吗？そうですか？

第12課

1．a）你的老家在哪儿？Nǐ de lǎojiā zài nǎr? あなたの実家はどこにありますか？ b）她在北京上大学。Tā zài Běijīng shàng dàxué. 彼女は北京で大学に行っています。 c）你父亲做什么工作？Nǐ fùqin zuò shénme gōngzuò? あなたのお父さんは何の仕事をしていらっしゃいますか？ d）她在商店工作。Tā zài shāngdiàn gōngzuò. 彼女はお店で働いています。

2． 近称　　　　遠称　　　　疑問称
　　 这儿 zhèr　　那儿 nàr　　哪儿 nǎr
　　 这里 zhèli　　那里 nàli　　哪里 nǎli

3．a）我在东京上大学。Wǒ zài Dōngjīng shàng dàxué. b）我父亲是公司职员。Wǒ fùqin shì gōngsī zhíyuán. c）李惠的老家在西安。Lǐ Huì de lǎojiā zài Xī'ān. d）我母亲在商店工作。Wǒ mǔqin zài shāngdiàn gōngzuò.

4．A：你在哪儿打工？あなたはどこでアルバイトしていますか？ B：我在商店打工。私は店でアルバイトしています。 A：那个商店在哪儿？そのお店はどこにありますか？ B：在东京。我父亲也在那儿工作。東京にあります。私の父もそこで勤めています。

第13課

1．a）你家里有三口人，对吗？Nǐ jiā lǐ yǒu sān kǒu rén, duì ma? あなたの家は3人家族なんでしょう？ b）我家里还有一条狗。Wǒ jiā lǐ hái yǒu yì tiáo gǒu. 私の家には他に犬も一匹います。 c）你家里有小动物吗？Nǐ jiā lǐ yǒu xiǎo dòngwù ma? あなたの家にはペットはいますか？ d）金鱼有意思。Jīnyú yǒu yìsi. 金魚は面白い。

2．a）这儿没有人。Zhèr méi yǒu rén. b）法律没有意思。Fǎlǜ méi yǒu yìsi. c）我家里没有狗。Wǒ jiā lǐ méi yǒu gǒu. d）她的房间里没有电话。Tā de fángjiān lǐ méi yǒu diànhuà.

3．a）我家里没有金鱼。Wǒ jiā lǐ méi yǒu jīnyú. b）你家里有小动物吗？Nǐ jiā lǐ yǒu xiǎo dòngwù ma? c）我家里有一条狗。Wǒ jiā lǐ yǒu yì tiáo gǒu. d）你的房间里有电话吗？Nǐ de fángjiān lǐ yǒu diànhuà ma? e）对了，他家里有一只猫。Duì le, tā jiā lǐ yǒu yì zhī māo.

4．A：你家有几口人？あなたの家は何人家族ですか？ B：我家有四口人。私の家は4人家族です。 A：都有谁？誰々がいますか？ B：有父亲、母亲、一个弟弟和我。父と母と弟が一人と私です。 A：你没有姐姐吗？お姉さんはいないのですか？ B：没有。いません。

第14課

1．a）你是哪一年生的? Nǐ shì nǎ yì nián shēng de? あなたは何年生まれですか？ b）你的生日是几月几号? Nǐ de shēngrì shì jǐ yuè jǐ hào? あなたの誕生日は何月何日ですか？ c）在日本，这是女孩子的节日。Zài Rìběn, zhè shì nǚ háizi de jiérì. 日本ではそれは女の子の祝日です。 d）你的血型是什么? Nǐ de xuěxíng shì shénme? あなたの血液型は何ですか？

2．a）你是在哪儿生的? Nǐ shì zài nǎr shēng de? b）我是在东京生的。Wǒ shì zài Dōngjīng shēng de. c）你是哪一年生的? Nǐ shì nǎ yì nián shēng de? d）我是一九七八年生的。Wǒ shì yī jiǔ qī bā nián shēng de.

3．a）我的生日是三月三号。Wǒ de shēngrì shì sān yuè sān hào. b）我的血型是A型。Wǒ de xuěxíng shì A xíng. c）在日本，五月五号是什么节日? Zài Rìběn, wǔ yuè wǔ hào shì shénme jiérì?

4．A：你的生日是几月几号？あなたの誕生日は何月何日ですか？ B：我的生日是十二月二十五号。私の誕生日は12月25日です。 A：啊，那是圣诞节。ああ、クリスマスですね。 B：对。你呢? はい。あなたは？ A：我的生日是三月八号。私の誕生日は3月8日です。 B：在中国，这是妇女节。中国では、それは婦人デーです。

第15課

1．a）我星期一、二、四、五有课。Wǒ xīngqīyī, èr, sì, wǔ yǒu kè. 私は月・火・木・金に授業があります。 b）星期三和星期六没课吗? Xīngqīsān hé xīngqīliù méi kè ma? 水曜と土曜には授業がないのですか？ c）你是什么俱乐部的? Nǐ shì shénme jùlèbù de? あなたは何部ですか？ d）啊，你对网球有兴趣? À, nǐ duì wǎngqiú yǒu xìngqù? ああ、あなたはテニスに興味があるんですか？

2．a）星期二 xīngqī'èr b）星期四 xīngqīsì c）星期天(日) xīngqītiān (rì) d）这个星期 zhèige xīngqī（这星期 zhè xīngqī） e）上(个)星期 shàng (ge) xīngqī f）下(个)星期 xià (ge) xīngqī g）上星期五 shàng xīngqīwǔ h）下星期三 xià xīngqīsān

3．a）你星期几有课? Nǐ xīngqījǐ yǒu kè? b）你星期几有课外活动? Nǐ xīngqījǐ yǒu kèwài huódòng? c）我星期六有课外活动。Wǒ xīngqīliù yǒu kèwài huódòng. d）你对什么有兴趣? Nǐ duì shénme yǒu xìngqù?

4．A：你参加课外活动吗？あなたは部活をしていますか？ B：对。はい。 A：你是什么俱乐部的？あなたは何部ですか？ B：我是网球俱乐部的。私はテ

ニス部です。　A：你星期几打网球？あなたは何曜日にテニスをしますか？
B：我星期六打网球。私は土曜日にテニスをします。

第16課

1．a）李惠家有四口人。Lǐ Huì jiā yǒu sì kǒu rén. 李惠さんの家は4人家族です。　b）她的老家在西安。Tā de lǎojiā zài Xī'ān. 彼女の実家は西安にあります。　c）她家里有金鱼。Tā jiā lǐ yǒu jīnyú. 彼女の家には金魚がいます。　d）她姐姐在北京上大学。Tā jiějie zài Běijīng shàng dàxué. 彼女のお姉さんは北京で大学に行っています。　e）我没有兄弟姐妹。Wǒ méi yǒu xiōngdì jiěmèi. 私は兄弟がいません。

2．a）一个人 yí ge rén　b）两条狗 liǎng tiáo gǒu　c）三个星期 sān ge xīngqī　d）四只猫 sì zhī māo　e）这个月 zhèige yuè　f）那位老师 nèiwèi lǎoshī，または那个老师 nèige lǎoshī

3．a）她母亲在商店工作。Tā mǔqin zài shāngdiàn gōngzuò.　b）我明天有课。Wǒ míngtiān yǒu kè.　c）明天我没有课。Míngtiān wǒ méi yǒu kè.　d）在日本，三月三号是女孩子的节日。Zài Rìběn, sān yuè sān hào shì nǚ háizi de jiérì.

4．山川静是一九七九年生的。山川静さんは1979年生まれです。　她的生日是五月十八号。彼女の誕生日は5月18日です。　她的血型是A型。彼女の血液型はA型です。

第17課

1．a）中午几点下课？Zhōngwǔ jǐ diǎn xià kè? 昼は何時に授業が終わりますか？　b）下课后，我们一起吃饭，怎么样？Xià kè hòu, wǒmen yìqǐ chī fàn, zěnmeyàng? 授業の後で一緒にご飯を食べませんか？　c）几点钟见面？Jǐ diǎn zhōng jiànmiàn? 何時に会いますか？　d）十二点半在这儿，好吗？Shí'èr diǎn bàn zài zhèr, hǎo ma? 12時半にここでいいですか？　e）我不会中文。Wǒ bú huì Zhōngwén. 私は中国語ができません。

2．a）一点十五(分) yī diǎn shíwǔ (fēn)／一点一刻 yī diǎn yí kè　b）两点半 liǎng diǎn bàn　c）三点四十(分) sān diǎn sìshí (fēn)　d）十二点(零)五分 shí'èr diǎn (líng) wǔ fēn　e）差五分五点 chà wǔ fēn wǔ diǎn

3．a）现在几点(钟)？Xiànzài jǐ diǎn (zhōng)?　b）你今天几点下课？Nǐ jīntiān jǐ diǎn xià kè?　c）四点半下课。Sì diǎn bàn xià kè.　d）第一节课从九点二十到十点五十。Dì yī jié kè cóng jiǔ diǎn èrshí dào shí diǎn wǔshí.

4．A：下课后，我们一起喝茶，怎么样？授業の後に一緒にお茶でも飲みませんか？　B：好啊。你几点下课？いいですよ。あなたは何時に授業が終わるのですか？　A：两点四十，你呢？2時40分ですが、あなたは？　B：四点二十。4時20分です。　A：那我们四点半在这儿见面，好吗？じゃあ私たちは4時半にここで会うことにしましょうか？　A：好，一会儿见。はい、じゃあ後で。

第18課

1．a）你每天几点起床？Nǐ měitiān jǐ diǎn qǐchuáng? あなたは毎日何時に起きますか？　b）那你每天睡七个小时，对吗？Nà nǐ měitiān shuì qī ge xiǎoshí, duì ma? それではあなたは毎日7時間寝ているんですね。　c）只睡那么点儿，够不够？Zhǐ shuì nàme diǎnr, gòu bu gòu? それだけしか寝ないで足りないんじゃないですか？

2．　　　　時点　　　　　　　　時間量
　　　一点　　yī diǎn　　　一(个)小时　　yí (ge) xiǎoshí
　　　二号　　èr hào　　　　两天　　　　liǎng tiān
　　　星期三　xīngqīsān　　　三个星期　　sān ge xīngqī
　　　四月　　sì yuè　　　　四个月　　　sì ge yuè
　　　九八年　jiǔbā nián　　　五年　　　　wǔ nián

3．a）我每天八点起床。Wǒ měitiān bā diǎn qǐchuáng.　b）我每天看两三个小时电视。Wǒ měitiān kàn liǎng sān ge xiǎoshí diànshì.　c）我今天学习一个小时左右。Wǒ jīntiān xuéxí yí ge xiǎoshí zuǒyòu.　d）从我家到学校要一个小时左右。Cóng wǒ jiā dào xuéxiào yào yí ge xiǎoshí zuǒyòu.

4．A：你每天看几个小时电视？あなたは毎日何時間テレビを見ますか？　B：我不看电视。你呢？私はテレビを見ません。あなたは？　A：我看两三个小时。私は二三時間見ます。　B：电视有意思吗？テレビは面白いですか？　A：很有意思。面白いです。

第19課

1．a）一个小时八百五。（五百八も可能）Yí ge xiǎoshí bābǎiwǔ. 一時間850円です。　b）我的工资只有八百。Wǒ de gōngzī zhǐ yǒu bābǎi. 私の給料は800円にしかなりません。　c）你每天晚上做什么？Nǐ měitiān wǎnshàng zuò shénme? あなたは毎晩何をしていますか？

2．yìbǎi yī (shí), yìbǎi líng yī, èr (liǎng) bǎi èrshíèr, liǎngqiān líng èr, liǎngwàn èr (qiān)

3．a）我每天晚上在咖啡馆打工。Wǒ měitiān wǎnshàng zài kāfēiguǎn dǎgōng.　b）(你)做服务员，是吧？(Nǐ) zuò fúwùyuán, shì ba?　c）工资多少钱？Gōngzī duōshǎo qián?　d）还可以嘛。Hái kěyǐ ma.

4．A：你打工吗？あなたはアルバイトをしていますか？　B：我打工。しています。　A：工资多少钱？給料はいくらですか？　B：一个小时八百九。1時間890円です。　A：一个月多少钱？一月いくらですか？　B：一个月六七万吧。一月6—7万円でしょう。

第20課

1．a）是不是银行旁边那个？Shì bu shì yínháng pángbiānr nèige? 銀行の脇ので

すか？ b）我打工的咖啡馆在车站对面。Wǒ dǎgōng de kāfēiguǎn zài chēzhàn duìmiàn. 私がアルバイトをしている喫茶店は駅の向かい側にあります。 c）咖啡馆在三楼。Kāfēiguǎn zài sān lóu. 喫茶店は3階にあります。

２．里 lǐ, 外 wài, 上 shàng, 下 xià, 前 qián, 后 hòu；
　　旁 páng, 左 zuǒ, 右 yòu, 东 dōng, 南 nán, 西 xī, 北 běi

３．a）咖啡馆在几楼? Kāfēiguǎn zài jǐ lóu? b）银行旁边有咖啡馆。Yínháng pángbiānr yǒu kāfēiguǎn. c）我打工的咖啡馆在百货商城里。Wǒ dǎgōng de kāfēiguǎn zài bǎihuò shāngchéng lǐ.

４．A：请问，厕所在哪儿? おたずねしますが、トイレはどこにありますか？ B：在外面。外にあります。A：哪边？どっちの方ですか？ B：在左边。左側にあります。A：谢谢。ありがとう。B：不谢。どういたしまして。

第21課

１．a）一直往前走。Yìzhí wǎng qián zǒu. まっすぐ前に行きます。 b）到图书馆往左拐。Dào túshūguǎn wǎng zuǒ guǎi. 図書館についたら左に曲がります。 c）离这儿远不远? Lí zhèr yuǎn bu yuǎn? ここから遠いですか？

２．大 dà, 小 xiǎo, 多大 duōdà?　　长 cháng, 短 duǎn, 多长 duōcháng?
　　远 yuǎn, 近 jìn, 多远 duōyuǎn?　　高 gāo, 低 dī, 多高 duōgāo?
　　多 duō, 少 shǎo, 多少 duōshǎo?

３．a）请问，去体育馆怎么走? Qǐngwèn, qù tǐyùguǎn zěnme zǒu? b）你家离学校远不远? Nǐ jiā lí xuéxiào yuǎn bu yuǎn? c）下一节是什么课? Xià yì jié shì shénme kè?

４．A：请问，去银行怎么走? おたずねしますが、銀行にはどう行くのですか？ B：一直往前走，到百货商城往右拐。まっすぐ前に行って、デパートについたら右に曲がります。 A：离这儿远不远? ここから遠いですか？ B：不远，走两分钟就到。遠くはありません、二三分で着きます。(注："两"は「二三」という概数を意味する場合もある。) A：谢谢。ありがとう。 B：不谢。どういたしまして。

第22課

１．a）她七点左右起床。Tā qī diǎn zuǒyòu qǐchuáng. 彼女は7時頃起きます。 b）她每天睡七个小时。Tā měitiān shuì qī ge xiǎoshí. 彼女は毎日7時間寝ます。 c）我家离学校很远。Wǒ jiā lí xuéxiào hěn yuǎn. 私の家は学校から遠い（"学校离我家很远"も可）。 d）我们一起去吧。Wǒmen yìqǐ qù ba. 私たちは一緒に行きましょう。

２．a）我去北京。Wǒ qù Běijīng. b）我去他家。Wǒ qù tā jiā. c）我去他那儿。Wǒ qù tā nàr. d）我去那儿。Wǒ qù nàr. e）咖啡馆在百货商城里。Kāfēiguǎn zài bǎihuò shāngchéng lǐ. f）咖啡馆在车站对面。Kāfēiguǎn zài chēzhàn duìmiàn.　g）我的钱包里没有钱。Wǒ de qiánbāo lǐ méi yǒu qián.

3．a）我没有弟弟。Wǒ méi yǒu dìdi.　　b）她的工资不高。Tā de gōngzī bù gāo.　　c）我不打工。Wǒ bù dǎgōng.　　d）他不是日本人。Tā bú shi Rìběnrén.　　e）她父母不在北京。Tā fùmǔ bú zài Běijīng.　　f）我不喜欢咖啡。Wǒ bù xǐhuan kāfēi.

课堂用语 Kètáng yòngyǔ 教室用语

你们好!	Nǐmen hǎo!	みなさん今日は。
老师好!	Lǎoshī hǎo!	先生今日は。
现在点名。	Xiànzài diǎnmíng.	これから出席をとります。
到!	Dào!	はい（出席の時の返事）。
请打开书。	Qǐng dǎkāi shū.	本を開けて下さい。

第~页。第~行。倒数第~行。Dì ~ yè. Dì ~ háng. Dàoshǔ dì ~ háng.
　　　　　　　　　　　　　　～頁。～行目。下から～行目。

现在念课文（生词、语法例句、应用会话、狼羊对话）。
　Xiànzài niàn kèwén (shēngcí、yǔfǎ lìjù、yìngyòng huìhuà、láng yáng duìhuà).
　これから本文（新出単語・文法の例文・応用会話・狼と羊の対話）を音読します。

请看录像。	Qǐng kàn lùxiàng.	ビデオを見て下さい。
请听录音。	Qǐng tīng lùyīn.	録音を聴いて下さい。

请大家跟我（录音）念。Qǐng dàjiā gēn wǒ (lùyīn) niàn.
　　　　　　　　　　みなさん私（録音）の後について発音して下さい。

现在做对话练习。我念A，请大家念B。
　Xiànzài zuò duìhuà liànxí. Wǒ niàn A, qǐng dàjiā niàn B.
　これから対話練習をします。私がAを読みますから、みなさんはBを読んで下さい。

好，现在我念B，请大家念A。
　Hǎo, xiànzài wǒ niàn B, qǐng dàjiā niàn A.
　それでは今度は私がBを読みますから、みなさんはAを読んで下さい。

左边的同学念A，右边的同学念B。
　Zuǒbiānr de tóngxué niàn A, yòubiānr de tóngxué niàn B.
　左側の人はAを読んで、右側の人はBを読んで下さい。

现在做分组练习。两（三、四、五、六）个人一组进行会话练习。
　Xiànzài zuò fēnzǔ liànxí. Liǎng (sān、sì、wǔ、liù) ge rén yìzǔ jìnxíng huìhuà liànxí.
　次はグループ練習をします。2（3・4・5・6）人で一組になって会話練習をして下さい。

现在做替换练习。Xiànzài zuò tìhuàn liànxí. これから転換練習をします。
请（大家、ＸＸ同学）念例句。Qǐng (dàjiā, mǒumǒu tóngxué) niàn lìjù.
　元になる文を（みんなで・何々さん）読んで下さい。
一，请改成问句。Yī, qǐng gǎichéng wènjù.　1、疑問文に変えて下さい。
二，请用肯定形式回答。Èr, qǐng yòng kěndìng xíngshì huídá.
　2、肯定形で答えて下さい。
三，请用～来提问。Sān, qǐng yòng～lái tíwèn.　3、～を使って質問して下さい。
四，请用否定形式回答。Sì, qǐng yòng fǒudìng xíngshì huídá.
　4、否定形で答えて下さい。
五，请用～来提问。Wǔ, qǐng yòng～lái tíwèn.　5、～を使って質問して下さい。
六，请按照例句回答。Liù, qǐng ànzhào lìjù huídá.
　6、元の文に基づいて答えて下さい。
我说中文，请翻译成日文。Wǒ shuō Zhōngwén, qǐng fānyì chéng Rìwén.
　私が中国語で言いますから、日本語に訳して下さい。
我说日文，请翻译成中文。Wǒ shuō Rìwén, qǐng fānyì chéng Zhōngwén.
　私が日本語で言いますから、中国語に訳して下さい。

请不要看书。	Qǐng bú yào kàn shū.	教科書を見ないで下さい。
现在可以看书。	Xiànzài kěyǐ kàn shū.	教科書を見ても構いません。
好。	Hǎo.	いいです。
对。	Duì.	そうです。
不对。	Bú duì.	違います。
应该这么发音。	Yīnggāi zhème fāyīn.	このように発音して下さい。
你明白吗?	Nǐ míngbai ma?	分かりますか？
明白。	Míngbai.	分かります。
不明白。	Bù míngbai.	分かりません。
请大家安静一点。	Qǐng dàjiā ānjìng yìdiǎnr.	ちょっと静かにして下さい。
大家有什么问题吗?	Dàjiā yǒu shénme wèntí ma?	何か質問はありますか？
今天就学到这儿。	Jīntiān jiù xué dào zhèr.	今日はここまでにしておきましょう。
再见!	Zàijiàn!	さようなら。

本文会話 4コマ漫画

■第5課

■第6課

■第7課

■第8課

■第9課

■第11課

■第12課　　　　　　　　■第13課

■ 第14課

■ 第15課

■ 第17課

■ 第18課

■ 第19課

■ 第20課

■第21課

本文会话一览

第五课
A：请问，你是中国人吗？
B：对。你会中文？你也是中国人吗？
A：不，我是日本人。
B：啊，你的中文很好。
A：过奖。你是留学生吧？
B：对，我是留学生。
A：认识你，很高兴。
B：我也很高兴。

第六课
A：你贵姓？
B：我姓李，叫李惠。
A："Lǐ Huì"？怎么写？
B：你看，"李惠"。
A：哦，李惠。好名字。
B：你呢？你叫什么名字？
A：我叫山川静。
B：啊，很好听。

第七课
A：你是哪个系的？
B：我是法律系的。你呢？
A：我是文学系的。
B：你的专业是什么？
A：日本文学。
B：你几年级？
A：一年级。
B：我也是。
A：那我们都是一年级。

第八课
A：你要不要喝的？
B：要。
A：你喜欢可乐，还是喜欢乌龙茶？
B：我喜欢乌龙茶。
A：你喜欢不喜欢三明治？
B：喜欢。
A：你吃蔬菜的，还是吃火腿的？
B：我吃蔬菜的。

第九课
A：告诉我你的地址，好吗？
B：好啊。…这是我的地址。
A：你的电话号码是多少？
B：〇一一二三四五－六七八九。
A：以后你教我中文，怎么样？
B：行啊。请你教我日文，好吗？
A：好啊。我们互相帮助吧。
B：对，我们互相帮助。

第十一课
A：你有兄弟姐妹吗？
B：有，我有一个姐姐。你呢？
A：没有。我是独生女。欸，你有家里人的照片吗？
B：有啊。你看，这是我父亲，这是我母亲，这是我姐姐，还有我。
A：你姐姐个子真高啊。她今年多大？
B：她今年二十二岁。

第十二课
A：你的老家在哪儿？
B：在西安。我父母都在那儿。
A：那你姐姐呢？
B：她在北京上大学。
A：你父亲做什么工作？
B：他是公司职员。
A：你母亲也工作吗？
B：对，她在商店工作。

第十三课
B：你家里有三口人，对吗？
A：我家里还有一条狗。
B：哦，你家里还有狗。
A：你家里有小动物吗？
B：没有。对了，我家里有金鱼。
A：啊，金鱼有意思。
B：你家里也有金鱼吗？
A：现在没有。以前有。

第十四课

A：李惠，你是哪一年生的？
B：一九七九年。
A：你的生日是几月几号？
B：三月三号。
A：啊，在日本，这是女孩子的节日。
B：我知道。
A：你的血型是什么？
B：O型。

第十五课

B：你明天有课吗？
A：有。我星期一、二、四、五有课。
B：星期三和星期六没课吗？
A：没有。那两天有课外活动。
B：你是什么俱乐部的？
A：我是网球俱乐部的。
B：啊，你对网球有兴趣？
A：对，网球很有意思。

第十七课

A：你今天有几节课？
B：有三节课：上午一节，下午两节。
A：中午几点下课？
B：十二点二十五。
A：下课后，我们一起吃饭，怎么样？
B：好啊，几点钟见面？
A：十二点半在这儿，好吗？
B：好，就这样。一会儿见！

第十八课

A：你每天几点起床？
B：七点左右。
A：几点睡觉？
B：十二点多。
A：那你每天睡七个小时，对吗？
B：对，睡六七个小时。
A：只睡那么点儿，够不够？
B：咳，没办法！我很忙。

第十九课

A：你每天晚上做什么？
B：在咖啡馆打工。
A：做服务员，是吧？
B：对。
A：工资多少钱？
B：一个小时八百五，一天才三千四。
A：还可以嘛。我的工资只有八百。

第二十课

A：你打工的咖啡馆在哪儿？
B：在车站对面。
A：是吗？是不是银行旁边那个？
B：不是。在百货商城里的。
A：南口的，还是北口的？
B：南口的。
A：在几楼？
B：在三楼。

第二十一课

A：下一节是什么课？
B：体育课。对了，去体育馆怎么走？
A：一直往前走，到图书馆往左拐。
B：离这儿远不远？
A：比较远。我也去那边儿，我们一起去吧。
B：好。
A：你看，就在那儿。再见！
B：谢谢，再见！

Dì wǔ kè

A：Qǐngwèn, nǐ shì Zhōngguórén ma?
B：Duì. Nǐ huì Zhōngwén? Nǐ yě shì Zhōngguórén ma?
A：Bù, wǒ shì Rìběnrén.
B：À, nǐ de Zhōngwén hěn hǎo.
A：Guòjiǎng. Nǐ shì liúxuéshēng ba?
B：Duì, wǒ shì liúxuéshēng.
A：Rènshi nǐ, hěn gāoxìng.
B：Wǒ yě hěn gāoxìng.

Dì liù kè

A：Nǐ guìxìng?
B：Wǒ xìng Lǐ, jiào Lǐ Huì.
A："Lǐ Huì"? Zěnme xiě?
B：Nǐ kàn, "Lǐ Huì".
A：Ò, Lǐ Huì. Hǎo míngzi.
B：Nǐ ne? Nǐ jiào shénme míngzi?
A：Wǒ jiào Shānchuān Jìng.
B：À, hěn hǎotīng.

Dì qī kè

A：Nǐ shì nǎge xì de?
B：Wǒ shì fǎlǜxì de. Nǐ ne?
A：Wǒ shì wénxuéxì de.
B：Nǐ de zhuānyè shì shénme?
A：Rìběn wénxué.
B：Nǐ jǐ niánjí?
A：Yī niánjí.
B：Wǒ yě shì.
A：Nà wǒmen dōu shì yī niánjí.

Dì bā kè

A：Nǐ yào bu yào hē de?
B：Yào.
A：Nǐ xǐhuan kělè, háishi xǐhuan wūlóngchá?
B：Wǒ xǐhuan wūlóngchá.
A：Nǐ xǐhuan bu xǐhuan sānmíngzhì?
B：Xǐhuan.
A：Nǐ chī shūcài de, háishi chī huǒtuǐ de?
B：Wǒ chī shūcài de.

Dì jiǔ kè

A：Gàosu wǒ nǐ de dìzhǐ, hǎo ma?
B：Hǎo a. ···Zhè shì wǒ de dìzhǐ.
A：Nǐ de diànhuà hàomǎ shì duōshǎo?
B：Líng yī, èr sān sì wǔ, liù qī bā jiǔ.
A：Yǐhòu nǐ jiāo wǒ Zhōngwén, zěnmeyàng?
B：Xíng a. Qǐng nǐ jiāo wǒ Rìwén, hǎo ma?
A：Hǎo a. Wǒmen hùxiāng bāngzhù ba.
B：Duì, wǒmen hùxiāng bāngzhù.

Dì shíyī kè

A：Nǐ yǒu xiōngdì jiěmèi ma?
B：Yǒu, wǒ yǒu yí ge jiějie. Nǐ ne?
A：Méi yǒu. Wǒ shì dúshēngnǚ.
　　Éi, nǐ yǒu jiā lǐ rén de zhàopiàn ma?
B：Yǒu a. Nǐ kàn, zhè shì wǒ fùqin, zhè shì wǒ mǔqin, zhè shì wǒ jiějie, hái yǒu wǒ.
A：Nǐ jiějie gèzi zhēn gāo a. Tā jīnnián duōdà?
B：Tā jīnnián èrshi'èr suì.

Dì shí'èr kè

A：Nǐ de lǎojiā zài nǎr?
B：Zài Xī'ān. Wǒ fùmǔ dōu zài nàr.
A：Nà nǐ jiějie ne?
B：Tā zài Běijīng shàng dàxué.
A：Nǐ fùqin zuò shénme gōngzuò?
B：Tā shì gōngsī zhíyuán.
A：Nǐ mǔqin yě gōngzuò ma?
B：Duì, tā zài shāngdiàn gōngzuò.

Dì shísān kè

B：Nǐ jiā lǐ yǒu sān kǒu rén, duì ma?
A：Wǒ jiā lǐ hái yǒu yì tiáo gǒu.
B：Ò, nǐ jiā lǐ hái yǒu gǒu.
A：Nǐ jiā lǐ yǒu xiǎo dòngwù ma?
B：Méi yǒu. Duì le, wǒ jiā lǐ yǒu jīnyú.
A：À, jīnyú yǒu yìsi.
B：Nǐ jiā lǐ yě yǒu jīnyú ma?
A：Xiànzài méi yǒu. Yǐqián yǒu.

Dì shísì kè

A：Lǐ huì, nǐ shì nǎ yì nián shēng de?
B：Yī jiǔ qī jiǔ nián.
A：Nǐ de shēngrì shì jǐ yuè jǐ hào?
B：Sān yuè sān hào.
A：À, zài Rìběn, zhè shì nǚ háizi de jiérì.
B：Wǒ zhīdào.
A：Nǐ de xuěxíng shì shénme?
B：Ōu xíng.

Dì shíjiǔ kè

A：Nǐ měitiān wǎnshàng zuò shénme?
B：Zài kāfēiguǎn dǎgōng.
A：Zuò fúwùyuán, shì ba?
B：Duì.
A：Gōngzī duōshǎo qián?
B：Yí ge xiǎoshí bābǎiwǔ, yì tiān cái sān qiān sì.
A：Hái kěyǐ ma. Wǒ de gōngzī zhǐ yǒu bābǎi.

Dì shíwǔ kè

B：Nǐ míngtiān yǒu kè ma?
A：Yǒu, wǒ xīngqīyī、èr、sì、wǔ yǒu kè.
B：Xīngqīsān hé xīngqīliù méi kè ma?
A：Méi yǒu. Nà liǎng tiān yǒu kèwài huódòng.
B：Nǐ shì shénme jùlèbù de?
A：Wǒ shì wǎngqiú jùlèbù de.
B：À, nǐ duì wǎngqiú yǒu xìngqù?
A：Duì, wǎngqiú hěn yǒu yìsi.

Dì èrshí kè

A：Nǐ dǎgōng de kāfēiguǎn zài nǎr?
B：Zài chēzhàn duìmiàn.
A：Shì ma? Shì bu shì yínháng pángbiānr nèige?
B：Bú shi. Zài bǎihuò shāngchéng lǐ de.
A：Nánkǒu de, hái shì běikǒu de?
B：Nánkǒu de.
A：Zài jǐ lóu?
B：Zài sān lóu.

Dì shíqī kè

A：Nǐ jīntiān yǒu jǐ jié kè?
B：Yǒu sān jié kè: shàngwǔ yì jié, xiàwǔ liǎng jié.
A：Zhōngwǔ jǐ diǎn xià kè?
B：Shí'èr diǎn èrshiwǔ.
A：Xià kè hòu, wǒmen yìqǐ chī fàn, zěnmeyàng?
B：Hǎo a, jǐ diǎn zhōng jiànmiàn?
A：Shí'èr diǎn bàn zài zhèr, hǎo ma?
B：Hǎo, jiù zhèyàng. Yíhuìr jiàn!

Dì èrshiyī kè

A：Xià yì jié shì shénme kè?
B：Tǐyù kè. Duì le, qù tǐyùguǎn zěnme zǒu?
A：Yìzhí wǎng qián zǒu, dào túshūguǎn wǎng zuǒ guǎi.
B：Lí zhèr yuǎn bu yuǎn?
A：Bǐjiào yuǎn. Wǒ yě qù nèibiānr, wǒmen yìqǐ qù ba.
B：Hǎo.
A：Nǐ kàn, jiù zài nàr. Zàijiàn!
B：Xièxie, zàijiàn!

Dì shíbā kè

A：Nǐ měitiān jǐ diǎn qǐchuáng?
B：Qī diǎn zuǒyòu.
A：Jǐ diǎn shuìjiào?
B：Shí'èr diǎn duō.
A：Nà nǐ měitiān shuì qī ge xiǎoshí, duì ma?
B：Duì, shuì liù qī ge xiǎoshí.
A：Zhǐ shuì nàme diǎnr, gòu bu gòu?
B：Hài, méi bànfǎ! Wǒ hěn máng.

第5課
A：おたずねしますが、あなたは中国人ですか？
B：はい。あなたは中国語ができるんですか!?あなたも中国人ですか？
A：いいえ、私は日本人です。
B：ああ、あなたの中国語はうまいですね。
A：とんでもない。あなたは留学生でしょう？
B：はい、私は留学生です。
A：あなたと知り合えて、うれしいです。
B：私もうれしいです。

第6課
A：お名前は？
B：苗字は李で、李恵といいます。
A：リー・ホイ？どういう字ですか？
B：ほら、「李恵」です。
A：ああ、「李恵」ですか。いい名前ですね。
B：あなたは？あなたのお名前は？
A：私は山川静といいます。
B：ああ、きれいね。

第7課
A：あなたは何学部ですか？
B：私は法学部です。あなたは？
A：私は文学部です。
B：あなたのご専門は？
A：日本文学です。
B：何年生ですか？
A：一年生です。
B：私も。
A：じゃあ二人とも一年生ね。

第8課
A：飲み物は要りませんか？
B：いただくわ。
A：コーラが好き？それともウーロン茶が好き？
B：ウーロン茶の方が好きよ。
A：サンドイッチはお好きじゃないですか？
B：好きですよ。
A：野菜サンドにする？それともハムサンドにする？
B：野菜サンドにするわ。

第9課
A：住所を教えてくれない？
B：いいわよ。…これが私の住所よ。
A：電話番号は何番？
B：01-2345-6789よ。
A：今度から中国語を教えてもらえないかしら？
B：いいわ。私には日本語を教えてもらえない？
A：いいわ。交換教授をしましょう。
B：ええ、そうしましょう。

第11課
A：兄弟はいるの？
B：ええ。姉が一人いるわ。あなたは？
A：いないの。一人っ子なの。ねえ、家族の写真もってる？
B：あるわよ。ほら、父と母と姉と私。
A：お姉さんはほんとに背が高いわね。今年何歳？
B：22歳よ。

第12課
A：お国はどこ？
B：西安よ。両親ともそこにいるの。
A：じゃあお姉さんは？
B：北京で大学に行っているわ。
A：お父さんはどんなお仕事？
B：サラリーマンよ。
A：お母さんもお勤め？
B：ええ、お店で働いているわ。

第13課
B：お宅は三人家族なんですよね？
A：うちには犬も一匹いるわ。
B：あら、犬もいるの。
A：お宅にはペットはいるの？
B：いないわ。そうそう、金魚がいるわ。
A：ああ、金魚は可愛いわよね。
B：お宅にも金魚がいるの？
A：今はいないわ。前はいたけど。

第14課
A：李さんは何年生まれ？
B：1979年よ。
A：誕生日は何月何日？
B：3月3日。
A：あら、日本のひなまつりね。
B：そうね。
A：血液型は何型？
B：O型よ。

第15課
B：明日は授業があるの？
A：ええ。私は月、火、木、金に授業があるの。
B：水曜と土曜は授業がないの？
A：そう。その二日は課外活動があるの。
B：何部に入っているの？
A：テニス部に入っているの。
B：あら、テニスに興味があったの？
A：ええ、テニスは面白いわよ。

第17課
A：今日は何時間あるの？
B：三時間よ。午前一時間で、午後二時間。
A：お昼は何時に授業が終わるの？
B：12時25分よ。
A：授業の後で一緒にご飯を食べない？
B：いいわよ。何時に待ち合わせる？
A：12時半にここでどう？
B：いいわ、そうしましょう。じゃあ後でね。

第18課
A：毎日何時に起きるの？
B：7時ころ。
A：何時に寝るの？
B：12時すぎね。
A：じゃあ毎日7時間寝ているわけね。
B：そう、6—7時間寝てるわね。
A：それしか寝ないで足りるの？
B：まあ、しょうがないわ。忙しいんだから。

第19課
A：毎晩何しているの？
B：喫茶店でバイトよ。
A：ウエイトレスをしてるんでしょう？
B：そう。
A：バイト料はいくら？
B：一時間850円で、一日でやっと3400円なのよ。
A：結構いいじゃないの。私なんて800円にしかならないのよ。

第20課
A：バイトしている喫茶店はどこにあるの？
B：駅の向かい側よ。
A：へえ、銀行の隣の？
B：いや、デパートの中にあるのよ。
A：南口の、それとも北口の？
B：南口のよ。
A：何階にあるの？
B：3階よ。

第21課
A：次は何の時間？
B：体育よ。そうそう、体育館にはどう行くの？
A：ずーっとまっすぐ行って、図書館のところで左にまがるの。
B：ここから遠いの？
A：結構遠いわよ。私もそっちに行くから一緒に行きましょう。
B：ええ。
A：ほら、あれがそう。じゃあね。
B：ありがとう、じゃあ又ね。

単語索引

A
à	啊[助]	5
a	啊[助]	9

B
bā	八[数]	3
ba	吧[助]	5
bàba	爸爸[名]	1
bǎi	百[数]	4
bǎihuò shāngchéng 百货商城[名]		20
bàn	半[名]	17
bànfǎ	办法[名]	18
bāngzhù	帮助[动]	9
běi	北[名]	20
běibiānr	北边[名]	20
Běijīng	北京[名]	12
bǐjiào	比较[副]	21
bù	不[副]	5
bú xiè	不谢[组]	2

C
cái	才[副]	19
cānjiā	参加[动]	15
chà	差[动]	17
chēzhàn	车站[名]	20
chī	吃[动]	8
cóng	从[介]	17

D
dǎgōng	打工[动]	12
dào	到[动]	4
dào	到[介]	17
dàxué	大学[名]	11
de	的[助]	5
dī	低[形]	21
dì	第[头]	11
diǎn	点[量]	17
diànhuà	电话[名]	9
diànshì	电视[名]	18
dìdi	弟弟[名]	1
dìfang	地方[名]	22
dìzhǐ	地址[名]	9
dōng	东[名]	20
dōngbiānr	东边[名]	20
Dōngjīng	东京[名]	12
dòngwù	动物[名]	13
dōu	都[副]	7
duǎn	短[形]	21
dúshēngnǚ	独生女[名]	11
dúshēngzǐ	独生子[名]	11
duì	对[形]	5
duì	对[介]	15
duì le	对了[组]	13
duìmiàn	对面[名]	20
duō	多[形]	13
duōcháng	多长[代]	18
duōdà	多大[代]	11
duōshǎo	多少[代]	9

E
éi	欸[叹]	11
èr	二[数]	3

F
fǎlǜ	法律[名]	7
fàn	饭[名]	17
fángjiān	房间[名]	13
fēn	分[量]	17
fēn	分[量]	19
fùmǔ	父母[名]	12
fùqin	父亲[名]	11
fúwùyuán	服务员[名]	19

G
gāo	高[形]	11
gàosu	告诉[动]	9
gāoxìng	高兴[形]	5
gēge	哥哥[名]	1
gěi	给[动]	19
gèzi	个子[名]	11
gōnglǐ	公里[量]	21
gōngsī	公司[名]	12
gōngzī	工资[名]	19
gōngzuò	工作[名/动]	12
gǒu	狗[名]	13
gòu	够[形]	18
guǎi	拐[动]	21
guì	贵[形]	19
guìxìng	贵姓[名]	6
guòjiǎng	过奖[动]	5

H
hái	还[副]	8
hái	还[副]	19
hài	咳[叹]	18
háishi	还是[连/副]	8
háizi	孩子[名]	14
hǎo	好[形]	5
hào	号[名]	14
hàomǎ	号码[名]	9
hǎotīng	好听[形]	6
hē	喝[动]	8
hé	和[连]	11
hěn	很[副]	5
hòu	后[名]	17
hòubiānr	后边[名]	20
hòumiàn	后面[名]	20
huì	会[动]	5
Huì	惠[名]	6
huódòng	活动[名]	15
huǒtuǐ	火腿[名]	8
hùxiāng	互相[副]	9

J
jǐ	几[代]	7
jiālǐ	家里[名]	11
jiànmiàn	见面[动]	17
jiāo	教[动]	9
jiǎo	角[量]	19
jiào	叫[动]	6
jīdàn	鸡蛋[名]	8
jié	节[量]	17

jiějie	姐姐[名]	1	ma	嘛[助]	19		**P**	
jiěmèi	姐妹[名]	11	māma	妈妈[名]	1	páng	旁[名]	20
jiérì	节日[名]	14	mǎi	买[动]	19	pángbiānr	旁边[名]	20
jìn	近[形]	21	máng	忙[形]	18	piányi	便宜[形/动]	19
Jìng	静[名]	6	māo	猫[名]	13	péngyou	朋友[名]	11
jīnnián	今年[名]	10	máo	毛[量]	19			
jīntiān	今天[名]	14	méi	没[副]	11		**Q**	
jīnyú	金鱼[名]	13	mèimei	妹妹[名]	1	qī	七[数]	3
jiǔ	九[数]	3	měinián	每年[名]	14	qiān	千[数]	4
jiù	就[副]	17	měitiān	每天[名]	14	qián	钱[名]	19
jùlèbù	俱乐部[名]	15	měiyuè	每月[名]	14	qián	前[名]	20
			mìmì	秘密[名]	11	qiánbāo	钱包[名]	22
	K		míngnián	明年[名]	14	qiánbiānr	前边[名]	20
kāfēiguǎn(r)			míngtiān	明天[名]	14	qiánmiàn	前面[名]	20
	咖啡馆[名]	19	míngzi	名字[名]	6	qǐchuáng	起床[动]	18
kàn	看[动]	6	mǔqin	母亲[名]	11	qǐng	请[动]	4
kè	课[名]	15				qǐngwèn	请问[组]	4
kè	刻[量]	17		**N**		qùnián	去年[名]	14
kělè	可乐[名]	8	nà	那[连]	7			
kèwài	课外[名]	15	nà	那[代]	9		**R**	
kěyǐ	可以[助动]	19	nǎge	哪个[代]	7	rén	人[名]	5
kǒu	口[量]	13	nàge	那个[代]	9	rènshi	认识[动]	5
kǒu	口[名]	20	nǎ yì nián	哪一年[组]	14	Rìběn	日本[名]	5
kuài	块[量]	19	nǎinai	奶奶[名]	1	Rìwén	日文[名]	9
			nǎli	哪里[代]	12	Rìyuán	日元[量]	19
	L		nàli	那里[代]	12			
lái	来[动]	21	nán	南[名]	20		**S**	
lǎojiā	老家[名]	12	nánbiānr	南边[名]	20	sān	三[数]	3
lǎoshī	老师[名]	6	nǎr	哪儿[代]	12	sānmíngzhì		
lǎoshī hǎo	老师好[组]	2	nàr	那儿[代]	12		三明治[名]	8
lí	离[介]	21	ne	呢[助]	6	Shānchuān	山川[名]	6
Lǐ	李[名]	6	nèibiānr	哪边儿[代]	21	shàng	上[动]	12
lǐ	里[尾]	13	něige	哪个[代]	7	shàng	上[名]	12
liǎng	两[数]	11	nèige	那个[代]	9	shàngbiānr	上边[名]	20
lǐbiānr	里边[名]	20	nǐ	你[代]	5	shāngdiàn	商店[名]	12
lǐmiàn	里面[名]	20	niánjí	年级[名]	7	shàng(ge)yuè		
líng	零[数]	4	nǐmen	您们[代]	7		上(个)月[名]	14
liù	六[数]	3	nǐmen hǎo	您们好[组]	2	shàngmiàn	上面[名]	20
liúxuéshēng			nín	您[代]	6	shàngwǔ	上午[名]	17
	留学生[名]	5	nǐ zǎo	你早[组]	2	shǎo	少[形]	21
lóu	楼[名]	20	nǚ	女[形]	14	shéi	谁[代]	6
						shēng	生[动]	14
	M			**O**		shēngrì	生日[名]	14
ma	吗[助]	5	ò	哦[叹]	6	shénme	什么[代]	6

拼音	词 [词性]	页
shénme shíhou	什么时候 [组]	14
shíjiān	时间 [名]	18
shí	十 [数]	3
shì	是 [动]	5
shìr	事 [名]	9
shūcài	蔬菜 [名]	8
shūdiàn	书店 [名]	20
shuí	谁 [代]	6
shuìjiào	睡觉 [动]	18
shuō	说 [动]	22
sì	四 [数]	3
suì	岁 [名]	11
suìshù	岁数 [名]	11

T

tā	他/她/它 [代]	5
tài~le	太~了 [组]	19
tāmen	他们/她们/它们 [代]	7
tiān	天 [量]	18
tiáo	条 [量]	13
tǐyù	体育 [名]	21
tǐyùguǎn	体育馆 [名]	21
tóngxué	同学 [名]	4
túshūguǎn	图书馆 [名]	21

W

wài	外 [名]	20
wàibiānr	外边 [名]	20
wàimiàn	外面 [名]	20
wàn	万 [数]	4
wǎng	往 [介]	21
wǎngqiú	网球 [名]	15
wǎnshàng	晚上 [名]	19
wénxué	文学 [名]	7
wǒ	我 [代]	5
wǒmen	我们 [代]	7
wǔ	五 [数]	3
wūlóngchá	乌龙茶 [名]	8

X

xī	西 [名]	20
xì	系 [名]	7
xià	下 [动]	17
xià	下 [名]	20
xiàbiānr	下边 [名]	20
xià(ge)yuè	下(个)月 [名]	14
xiàmiàn	下面 [名]	20
Xī'ān	西安 [名]	12
xiànzài	现在 [名]	13
xiǎo	小 [形]	11
xiǎojiě	小姐 [名]	19
xiǎomàibù	小卖部 [名]	20
xiǎoshí	小时 [名]	18
xiàwǔ	下午 [名]	17
xībiānr	西边 [名]	20
xǐhuan	喜欢 [动]	8
xiě	写 [动]	6
xièxie	谢谢 [组]	5
xíng	行 [形]	9
xìng	姓 [动/名]	6
xīngqī	星期 [名]	15
xìngqù	兴趣 [名]	15
xiōngdì	兄弟 [名]	11
xuésheng	学生 [名]	10
xuéxí	学习 [动]	18
xuěxíng	血型 [名]	14

Y

yánjiūhuì	研究会 [名]	15
yào	要 [动]	8
yě	也 [副]	5
yéye	爷爷 [名]	1
yī	一 [数]	3
yì	亿 [数]	4
(yì)diǎnr	(一)点儿 [量]	18
yígòng	一共 [副]	19
yǐhòu	以后 [名]	9
yíhuìr	一会儿 [名]	17
yínháng	银行 [名]	20
yìqǐ	一起 [副]	17
yǐqián	以前 [名]	13
yìzhí	一直 [副]	21
yǒu	有 [动]	11
yòu	右 [名]	20
yòubiānr	右边 [名]	20
yǒu yìsi	有意思 [组]	13
yuán	元 [量]	19
yuǎn	远 [形]	21
yuè	月 [名]	14

Z

zài	在 [动/介]	12
zàijiàn	再见 [组]	2
zánmen	咱们 [代]	7
zěnme	怎么 [代]	6
zěnmeyàng	怎么样 [代]	9
zhǎo	找 [动]	19
zhàopiàn	照片 [名]	11
zhè	这 [代]	9
zhèigeyuè	这个月 [代]	14
zhèli	这里 [代]	12
zhège	这个 [代]	9
zhèige	这个 [代]	9
zhème	这么 [代]	6
zhēn	真 [副]	11
zhèr	这儿 [代]	12
zhèyàng	这样 [代]	17
zhī	只 [量]	13
zhǐ	只 [副]	18
zhīdào	知道 [动]	14
zhíyuán	职员 [名]	12
zhōng	钟 [名]	17
Zhōngguó	中国 [名]	5
Zhōngwén	中文 [名]	5
zhōngwǔ	中午 [名]	17
zhuānyè	专业 [名]	7
zhuōzi	桌子 [名]	22
zǒu	走 [动]	21
zuǒ	左 [名]	20
zuò	做 [动]	12
zuǒbiānr	左边 [名]	20
zuótiān	昨天 [名]	14
zuǒyòu	左右 [名]	18

●品詞表

表示	原語	訳語	例
[名]	名词 míngcí ※	名詞	日本・人・今天・旁边
[数]	数词 shùcí	数詞	一・两・二・三・十
[量]	量词 liàngcí	助数詞	个・张・条・只・节
[代]	代词 dàicí	代(名)詞	这・怎么・我・什么
[动]	动词 dòngcí	動詞	是・吃・喜欢・看
[助动]	助动词 zhùdòngcí	助動詞	能・想・会・可以
[形]	形容词 xíngróngcí	形容詞	好・忙・便宜・小
[副]	副词 fùcí	副詞	都・不・互相・一直
[介]	介词 jiècí	前置詞	在・给・往・从
[连]	连词 liáncí	接続詞	不过・还是・那
[助]	助词 zhùcí	助詞	的・吗・了・着・呢
[叹]	叹词 tàncí	間投詞	啊・咳・哎呀・哟
[尾]	词尾 cíwěi	語尾	里・上
[组]	2語（以上）からなる慣用表現		有意思・太~了

※名詞の下位区分に、「時間詞」と「方位詞」もある。

常用の略称

N : Noun	名詞	NP : Nominal Phrase	名詞句
V : Verb	動詞	VP : Verbal Phrase	動詞句
S : Subject	主語	O : Object	目的語
P : Predicate	述語	Adj : Adjective	形容詞

●基本構文

中国語の文の一般型

S［既知］ ‖ P［未知、伝達される情報の核］

$\begin{pmatrix}接続詞\\など\end{pmatrix}$ ＋ $\boxed{\underset{定語＋名詞}{S（主語）}}$ ＋ $\boxed{\underset{動詞／形容詞}{\underset{状語＋}{V}}}$ ＋ $\boxed{\underset{定語＋名詞}{O（目的語）}}$ ＋ $\begin{pmatrix}語気\\助詞\end{pmatrix}$

	你的	中文	很	好。		
那		我们	都	是	一 年级。	
		你	也	是	中国 人	吗？

※ほかにVの後には「補語」がつくことがあるが、「入門篇」では「数量補語」の一種である「時間量」（18課）が出て来るだけで、他の大半の補語は「応用篇」で学ぶ。

定語（連体修飾語）の種類

定語＋中心語	
中国　文学	N＋N
好　　人	Adj＋N
我的　书	人称代詞＋"的"＋N
一个　人	数詞＋量詞＋N
这本　书	指示代詞＋量詞＋N
她打工的　咖啡馆	SVO＋"的"＋N

状語（連用修飾語）の種類

状語＋中心語	
不　　好	副詞＋Adj
只　　有	副詞＋V
明天　去	時間詞＋V
在这儿　吃	前置詞句＋V

装　　丁 ● 岡本健
本文デザイン ● トミタ制作室
イラスト ● 大塚朋子
四コマ漫画 ● 岩崎三奈子
表紙写真 ● Getty Images

セルフマスター
話す中国語　入門篇

2004年5月10日　初版発行
2006年4月1日　第2刷発行

著　者　　遠藤光暁
　　　　　董燕
発行人　　原雅久
発行所　　（株）朝日出版社
〒101-0065　東京都千代田区西神田3-3-5
電話 03-3263-3321　http://www.asahipress.com

組版　倉敷印刷(株)
印刷　図書印刷(株)
ISBN 4-255-00275-4 C0087　Printed in Japan

（株）朝日出版社は，CD-ROMを使用した結果生じた障害，損害，
もしくはその他いかなる事態にも一切の責任は負いません．

乱丁本・落丁本は，小社宛にお送りください．
送料は小社負担にてお取り替えいたします．
本書の無断複写（コピー）は著作権法上での例外を除き，
禁じられています．